Por todas as formas de amor

CIP-BRASIL. CATALOGAÇÃO NA PUBLICAÇÃO
SINDICATO NACIONAL DOS EDITORES DE LIVROS, RJ

P791
    Por todas as formas de amor : o psicodramatista diante das relações amorosas / organização Adelsa Cunha e Carlos Roberto Silveira. - 1. ed. - São Paulo : Ágora, 2014.

    ISBN 978-85-7183-138-4
    1. Psicodrama. 2.Psicologia. 3. Psicoterapia. I. Cunha, Adelsa. II. Silveira, Carlos Roberto.

13-06452   CDD: 155
                                                                                 CDU: 159.92

www.editoraagora.com.br

Compre em lugar de fotocopiar.
Cada real que você dá por um livro recompensa seus autores
e os convida a produzir mais sobre o tema;
incentiva seus editores a encomendar, traduzir e publicar
outras obras sobre o assunto;
e paga aos livreiros por estocar e levar até você livros
para a sua informação e o seu entretenimento.
Cada real que você dá pela fotocópia não autorizada de um livro
financia o crime e ajuda a matar a produção intelectual de seu país.

Por todas as formas de amor

O psicodramatista diante das relações amorosas

ADELSA CUNHA E CARLOS ROBERTO SILVEIRA
(ORGANIZADORES)

EDITORA
ÁGORA

POR TODAS AS FORMAS DE AMOR
O psicodramatista diante das relações amorosas
Copyright © 2014 by autores
Direitos desta edição reservados por Summus Editorial

Editora executiva: **Soraia Bini Cury**
Editora assistente: **Salete Del Guerra**
Capa: **Alberto Mateus**
Produção editorial: **Crayon Editorial**
Impressão: **Sumago Gráfica Editorial**

Editora Ágora
Departamento editorial
Rua Itapicuru, 613 – 7º andar
05006-000 – São Paulo – SP
Fone: (11) 3872-3322
Fax: (11) 3872-7476
http://www.editoraagora.com.br
e-mail: agora@editoraagora.com.br

Atendimento ao consumidor
Summus Editorial
Fone: (11) 3865-9890

Vendas por atacado
Fone: (11) 3873-8638
Fax: (11) 3873-7085
e-mail: vendas@summus.com.br

Impresso no Brasil

Sumário

PREFÁCIO 7
Wilson Castello de Almeida

INTRODUÇÃO 11
Adelsa Cunha e Carlos Roberto Silveira

1 O QUE É ISSO QUE CHAMAMOS DE AMOR? 17
Dalmiro Manuel Bustos

2 OS PRIMEIROS AMORES 31
Maria Luiza Vieira Santos

3 A VISÃO FEMININA DO AMOR: É PORVENTURA TUDO E TANTO? 43
Suzana Modesto Duclós

4 A VISÃO MASCULINA DO AMOR 57
Irany Baptistela Ferreira

5 HOMENS QUE AMAM HOMENS 67
Carlos Roberto Silveira

6 MULHERES QUE AMAM MULHERES 79
Maria do Carmo Mendes Rosa

7 A RELAÇÃO AMOROSA NA BISSEXUALIDADE 97
Elisabeth Sene-Costa e Rosilda Antonio

8 AMORES VIRTUAIS 117
Eni Fernandes

9 O AMOR NÃO TEM IDADE 137
Adelsa Cunha

10 A DOR DA SEPARAÇÃO AMOROSA: AMOR E SOFRIMENTO 153
Carlos Calvente

Prefácio
As intermitências do amor

HÁ VÁRIAS MANEIRAS DE fazer um prefácio: registrar a carreira profissional dos autores, comentar o teor do volume prefaciado, percorrer o caminho da publicação desde seu nascimento, fazer resenha crítica antecipada e, por fim, criar artigo correlato ao assunto da obra, verdadeiro capítulo inicial.

Decidi pela última possibilidade, pois o meu DNA de filho de professores empurrou-me para a tarefa pedagógica de esclarecer, por pouco que fosse, o tema difícil proposto pelos que assinam este livro.

Formas de amor ou formas de amar, pouco importa a expressão, levam-nos a perguntar o que sejam o amor e o amar em seus significados substantivos.

Com essa preocupação, pude antever que os próprios escritos desta coletânea definiram-se pela visão da clínica psicológica, abrindo-se para os entendimentos filosóficos e culturais, com predominância das ideias fenomenológico-existenciais. É próprio da fenomenologia estudar o que se mostra em si mesmo. É o método do psicodrama.

Fator afetivo-emocional exclusivo dos seres humanos, o *amor lato sensu* é o que permite a aproximação generosa e gratuita entre os amantes, desdobrando-se em objetivos éticos do bem, do bom e do belo, e também os da coragem e da completude onde se dá o encontro das almas. É a trilha dos enamorados, precedida sempre pelo desejo, pela paixão e pelos idílios. Também é o que inspira as mais puras amizades e as mais virtuosas admirações pessoais.

Pela complexidade desse fenômeno, podemos iniciar pelo mais simples e mais primitivo enredo da humanidade desde os albores da sua história. Falo do vetor de caráter religioso, dirigido aos deuses e santos iluminados pela crença e pela fé. Esse é o *amor místico*. Foi a marca do apóstolo Paulo de Tarso para fundamentar sua pregação cristã, levando-o a inaugurar a civilização ocidental.

Em sequência virá o *amor universal*, a força energética necessária para manter unida a raça humana, o preceito maior dos sistemas filosóficos.

Depois falaríamos do amor amável, aquele que se coloca entre as pessoas de forma digna e criativa, permitindo a expressão da autoestima de cada componente dos grupos humanos, verdadeiro depoimento de vida.

O adjetivo "amável" nos diz do merecedor de afetos, admirado pela sua delicadeza. Ser amável é mostrar-se atraente, agradável e, se possível, encantador. Quem é amável é capaz de fazer troca de favores sem apetite de ganhos, é capaz do romantismo sem sexo, da sociabilidade sem interesses escusos, da sedução sem malícia e da solidariedade, dimensão buscada pela sociatria de J. L. Moreno. Aqui se registra o *amor familial*, de pais, filhos e irmãos, em que se torna necessária a riqueza espiritual da espontaneidade e da criatividade.

A intimidade do amor relacional é o que incluiria emoções, sentimentos e comportamentos exercidos na fruição do prazer e do gozo, com o gosto de liberdade. Leiam-se as ideias de Espinosa (1632-1677).

Seguem-se daí o *amor cortês* da Idade Média e o *amor romântico* do século 19, direcionados para o casamento e a formação da prole.

Nessa altura do nosso conceitual, registre-se o amor erótico, expressão particular e única para quem o experimenta, a atração sexual por excelência, que estimula a união carnal sem exigir obrigações cartoriais.

Erótico é o mistério da natureza para promover a qualidade dos influxos amorosos, com repercussões corporais e espirituais. Erótico é o mistério das chamadas pulsões da vida.

Porém, não posso deixar de me referir ao erotismo, o amor errático, sob as injunções de espanto tão intenso, brilhantemente estudado por George Bataille (1897-1962) em seu livro clássico, *O erotismo*.

Por essa pesquisa, o erotismo, igualmente nascido de Eros, está timbrado pela sombra da morte. Puxando a fila do terror vem o enigma do incesto. Depois a volúpia, a luxúria, as noites de sabá, a adoração de Satã, os "ensinamentos" de Sade e Masoch, as perversões sedutoras, a violência sem pudor, as relações de regressão anímica, a promiscuidade dos ambientes secretos, o exercício do proibido, o prazer libertino, as disfunções sensuais e as transgressões virtuais dos dias de hoje e a fusão místico-erótica que foi dada a Santa Tereza D'Ávila experimentar.

Sem nenhuma pieguice, deve-se lembrar, como estímulo ao pensamento casto, quanto a pornografia, em suas várias formas, perturba a relação erótica, amorosa e natural, interferindo no real da relação com impulsos estranhos e confusos, tumultuando a vida particular de cada qual.

O livro bíblico das Previsões registrou com sabedoria milenar: "Isso é o que dificulta saber, cada vez menos, o que venha compor o ser humano" em sua vertente sexual.

Desde então surgiu o projeto terapêutico do *amor libertário*, criador de um dos mais complicados paradoxos: ao propor reconduzir o sujeito à normalidade utópica, a obrigação de ser normal enlouquece as pessoas. A sanidade mental estaria unida à liberdade de escolha, todavia no campo sexual não há essa possibilidade, não há como escapar do que a natureza já escolheu.

As religiões e suas igrejas são incisivas, propondo o recalque, não importando a doença, porém oferecendo o espírito e os costumes da cúria para suportá-la: o *amor sublimado*, assexuado, fraternal, platônico e terno.

As psicoterapias contemporâneas, a partir da psicanálise, propõem o tratamento que concilia (não a cura) a simplicidade do biológico e a complexidade pulsional das fantasias. Resposta aos desafios do desejo, a busca da relação amorosa no melhor sentido. Se há eros, há vida, haverá amor e modos civilizados de cuidá-lo. O psicodrama ajuda-nos nisso.

Neste livro, os mitos da sexualidade não são atravessados por excessos de histórias nem estão comprometidos com imposições de qualquer ordem. Trata-se de reflexões delicadas, nas quais o equilíbrio dos autores mostra a realidade enigmática enfrentada com bom-senso. Afinal, são todos profissionais maduros, formados na ética psicodramática, com vivência saudável concernida no juízo da opinião prudente e dos conselhos sábios. Apaixonar sem perder a razão, não acreditar na perfeição do amor, saber conter a inveja e o ciúme, oferecer o perdão, sopesar os sentimentos da infidelidade e não negar nunca a capacidade de amar como a arte da convivência e intimidade leais.

Com o pensamento claro e proposições objetivas, escritos escorreitos, os produtores do presente livro permitem o surgimento de dois lastros: o do valor individual de cada um e o do reflexo participativo e atuante do grupo que os une, o grupo autodirigido de Bustos. Dalmiro Bustos, pela reconhecida competência, soube ocupar o seu lugar no psicodrama brasileiro, reunindo em torno de sua pessoa uma grei de psicoterapeutas valorosos, aqui representados.

Agradeço de coração a Adelsa e a Carlos Roberto pelo convite feito em nome de todos para prefaciá-los. Espero corresponder à expectativa amiga e calorosa. Meus parabéns e os votos de sucesso editorial.

WILSON CASTELLO DE ALMEIDA
Psicoterapeuta com formação em Psiquiatria, Psicodrama e Psicanálise

Introdução

Nosso vínculo fraterno é antigo, construído entre choros, risos e fortes compartilhares vividos por longos anos como colegas de Grupo Autodirigido[1] de Dalmiro Bustos.

O interesse pelo tema nos uniu de forma especial no dia em que, numa dessas sessões, um componente do grupo comentou sobre sua emoção ao reencontrar, por acaso, seu primeiro amor, relembrando quanto tinha sido boa, porém difícil e dolorosa aquela relação. Imediatamente, essas emoções percorreram todos os componentes do grupo. A impressão de que todos queriam compartilhar suas histórias, a percepção de que as relações amorosas deixam marcas e criam um modelo de se relacionar afetivamente ficaram martelando nossa cabeça a tal ponto que, ao sairmos da sessão, nos reunimos para falar sobre o tema.

Durante algum tempo, entre nós, o assunto ficou germinando. Estava sempre presente em nossas conversas, especialmente quando falávamos de nossas reflexões como psicoterapeutas que diariamente retomam o tema por intermédio de seus pacientes, que são mobilizados pela perda, pelo medo de não encontrar, pelo desgaste de uma relação que já não faz sentido,

---

1. Grupo criado por Dalmiro Bustos, numa adaptação do modelo praticado por J. L. Moreno, em Beacon, para formar psicoterapeutas psicodramáticos. Diferencia-se dos demais grupos de psicoterapia porque o protagonista pode eleger qualquer dos componentes do grupo como o diretor de cena e porque a aprendizagem do papel de terapeuta está sempre em foco.

mas se teme romper, ou pelas dificuldades inerentes a certas relações como as homossexuais e as com grande diferença de idade, entre outras. Falávamos, enfim, de quanto essa relação é perseguida por todos os seres humanos, de tal forma que nos demos conta de que nenhum de nós dois tinha registro de algum paciente que não tenha esse tema como tema também protagônico[2] em sua vida.

Foi assim que, quando tivemos a oportunidade de fazer um trabalho no XVII Congresso Brasileiro de Psicodrama, desenvolvemos uma vivência cujo título era *O amor e o tempo*. Novamente constatamos a força mobilizadora desse tema e percebemos que as vivências de dores, alegrias e tristezas em relação ao amor são muito semelhantes nas pessoas de diversas gerações. Depois da vivência, fomos incentivados por muitos dos participantes – que relataram o poder transformador da dinâmica – a escrever e teorizar sobre o tema das relações amorosas, uma vez que, embora seja vasta a literatura sobre o assunto – poesia, romances, filosofia, psicologia –, em especial na psicanálise e na sociologia, pouquíssimas vezes o psicodrama se debruçou sobre ele.

Quando dizemos relações amorosas, aqui, estamo-nos referindo especificamente às relações afetivo-sexuais, ao amor erótico. Não ao amor ao homem, ao próximo, que estaria mais para compaixão, pois não é exclusivo. Não ao amor fraterno ou filial, pois ele não nasce do livre-arbítrio – não escolhemos a família em que nascemos, mas de certa forma escolhemos a quem amamos. Não ao amor da amizade, que não envolve o desejo erótico, mas ao espaço imantado pelo encontro entre duas pessoas que se querem como corpo e alma. Não um corpo qualquer, que seria somente erotismo, mas um corpo específico, um corpo com alma, determinada pessoa. Essa estranha atração por uma

---

2. O tema protagônico é aquele que emerge do grupo ou de uma pessoa, em dado momento, como o de maior importância para ser trabalhado por aquele grupo ou por aquela pessoa.

única pessoa, que se deseja exclusiva e deseja exclusividade. Exclusividade essa que é em si, também, um grande mistério: por que amamos determinada pessoa e não outra? Pergunta profunda a que os amantes quase nunca conseguem responder. Pergunta essa que ecoa há séculos, do banquete de Platão até hoje, à qual este livro não tem a pretensão de responder.

Usamos o conceito de amor erótico da filosofia clássica, que divide o amor em três esferas: amor ágape[3], amor *philia* e amor erótico. É importante destacar que, sempre que a palavra "amor" for usada neste livro, estará referindo-se ao amor erótico. Partindo da genealogia de Eros, temos que Eros é filho de Pênia, a penúria, e de Poros, o expediente; logo, ele é busca, é falta, é desejo. Mas não um desejo qualquer: só há amor erótico se o desejo, em si mesmo indeterminado, se polarizar sobre um certo objeto que particularmente faz falta. Em essência, não há diferença se o chamamos de paixão ou de amor. Na verdade, essa distinção é feita, em geral, pela intensidade com que esse sentimento toma forma em nós. Quando mais intenso, arrebatador, que nos faz perder a cabeça, tendemos a chamá-lo de paixão. Quando menos intenso, mais terno, seguro e reconfortante, tendemos a chamá-lo de amor. Entretanto, os dois são amor erótico.

Somos psicoterapeutas, e nosso dia a dia nos obriga a encarar a universalidade dos conflitos e das angústias ligadas às relações amorosas. Afinal – lembramo-nos quando escrevíamos esta Introdução –, o que faz tanta gente assistir ao *show* de Roberto Carlos todo fim de ano? Sem dúvida, além de seu carisma pessoal, o fato de que suas músicas, praticamente todas, falam das dores de quem ama. Entretanto, se amar e lidar com essa necessidade de determinada pessoa é absolutamente

---

[3]. Amor ágape é o amor à humanidade, ao humano em geral, a qualquer homem. Muito próximo do que diz Jesus quando afirma: "Ama a teu próximo como a ti mesmo". Amor *philia* é o amor da amizade; restrito a algumas pessoas específicas, não envolve o sexual.

normal, como, numa psicoterapia, entendermos os processos psíquicos envolvidos em tais questões? Como explicar certos comportamentos? Encontramos respostas diversas: da ótica do narcisismo, da transferência, da ética moral, da religião etc. Mas, afinal, como psicodramatistas que somos, que explicações podemos apresentar para as relações amorosas? Como entendê-las de modo que se tornem mais espontâneas e criativas?

Nossa intenção é, por meio de um olhar psicodramático, refletir sobre os diversos aspectos envolvidos nessa relação, buscando encontrar respostas que contemplem as dores e os prazeres decorrentes das várias formas que essas relações podem assumir em suas diferentes manifestações. Não pretendemos criar uma teoria psicodramática sobre o amor nem oferecer fórmulas ou caminhos para atingir uma relação ideal ou para encontrar um amor. Muito menos abranger toda a amplitude que tais relações podem ter.

Para isso, optamos pela diversidade de olhares, convidando psicoterapeutas psicodramatistas para que, mediante sua prática e seu entendimento teórico, possam dar sua contribuição.

Por uma questão de uniformidade e fluência da leitura, optamos, sempre que possível, por colocar as referências bibliográficas no final de cada capítulo.

Fica aqui o nosso agradecimento a todos os coautores deste livro que gentil e prontamente aceitaram o convite para participar do projeto.

Esperamos que este livro seja útil para ampliar as reflexões sobre o amor, possibilitando a compreensão de que não existe uma forma única de amor ou de amar, mas várias, e de que todas são legítimas, pois, como diz Carl G. Jung, "nunca pergunte o que uma pessoa faz, mas como o faz. Se faz por amor, ou seguindo os princípios do amor, está servindo a algum deus. E não cabe a nós estabelecer quaisquer julgamentos, por se tratar de algo nobre".

O leigo encontrará aqui, além de informações, a constatação de que a alegria, a dor, a angústia e o sofrimento não são sentimentos apenas seus.

Aqueles que atuam na área da psicoterapia poderão repensar a repercussão, em sua prática profissional, dos conceitos e preconceitos relativos às questões amorosas.

Adelsa Cunha e Carlos Roberto Silveira

1. O que é isso que chamamos de amor?

Dalmiro Manuel Bustos

DEFINIR O QUE NÃO pode ser definido é um desafio que redundaria em fracasso se eu tentasse abranger todas as variáveis do tema. Amor, *amoré, amour, love, liebe...* Todos pronunciam esse sentimento desconhecido que é meta e essência, que nos condiciona e tortura, mas cuja presença dá sentido à vida.

Nesta tentativa de aproximar-me do tema, escrevi dois livros: *Perigo... Amor à vista* (2001) e *Manual para um homem perdido* (2011). Mesmo tendo certeza de que é como tentar controlar a passagem do tempo, não desisto de lidar com o assunto. Os poetas o fazem melhor que ninguém, pois seu pensamento responde à arte, cujas regras do jogo são muito mais amplas e abrangentes que qualquer tentativa científica de compreensão do amor. Mesmo assim, trata-se do sentimento mais trilhado e menos claramente definido.

Para conectar-me com ele, situo-me no lugar das minhas próprias vivências. Lugar perigoso devido à subjetividade, mas valioso pelo mesmo motivo.

A primeira coisa que me vem à mente ao evocar o amor por meio de seu vocábulo é uma sensação de suave segurança. Por trás dos meus medos, minhas dores, ilusões e desilusões, sempre senti que em algum momento a luz voltaria. Nunca evitei os desafios, mas sempre senti algo inefável que minha irmã menor, Beatriz, apontou em um poema dedicado à nossa mãe: "Com teu amor caminhamos" (do espanhol, "Con su amor de la mano").

Também procurando a etimologia, deparamos com o fato de que a partícula de negação *a* (sem) é seguida por *mor* (morte, do latim *mors*). O amor associado à vida e à morte. Essência da vida em si e oposta à morte, sem a qual a vida não existiria, seria somente um contínuo devir. Porém, pesquisando um pouco mais, aparece o vocábulo "amor" não mais derivado do latim *amor*, mas da raiz indo-europeia *ama*, voz infantil para chamar a mãe, seguido pelo sufixo *or*, que significa afeto ou resultado, como em calor, dor, fervor etc.

Se a origem confunde raízes etimológicas com versões míticas, é devido à pluralidade de suas significações. Mas por que em geral se associam amor e morte? O amor essencial para o ser humano nos aproxima do que é temido e inevitável, a finitude. O desejo de continuidade vem sempre acompanhado pelo medo de que acabe. Por alguma razão, o termo em francês para a palavra "orgasmo" é "*petit mort*".

UM COMEÇO É...

Uma parábola hassídica (em versão própria) nos diz que antes de nascermos existem a totalidade imanente do saber, o conhecimento que existe e o que está por vir. Um todo incomensurável. Chegado o momento, alguma coisa se desprende do total e chega à vida, carregado ainda desse todo. O bebê não tem a mínima possibilidade de assimilar o que contém em potencial. Por essa razão, surge um ser encarregado de colocar ordem no caos: pondo seu dedo nos lábios do bebê, ajuda-o a esquecer-se de tudo que sabe, deixando o sulco interlabial – sinal do seu mandato de silêncio. Assim o ser humano passa a vida inteira procurando o que já tinha antes de vir ao mundo.

Contam certas crenças que escolhemos onde nascer. Algumas, que viemos de outras vidas para aprender. E assim por diante...

A verdade na qual acredito firmemente é a do respeito pelo desconhecido e por tudo que tenta desvelá-lo há séculos sem conseguir, em nome da ação de encontrar uma saída para a angústia de não saber.

Porém, algumas coisas sabemos, e a elas vamo-nos dedicar.

A MATRIZ DE IDENTIDADE TOTAL E INDIFERENCIADA

Ao nascer, o bebê não tem formado o neocórtex, responsável pela compreensão racional do mundo. Somente os níveis neurológicos mais primitivos estão em funcionamento e o fazem perceber o mundo como um todo com ele. Tudo que acontece ao seu redor é ele. Os braços de sua mãe são seus braços, os ruídos o constituem. Nada não é ele e ele é nada. E tudo. A mãe – ou quem desempenhe a função de cuidadora – é a mediadora do entorno.

Em função do tema central que nos move, o bebê pode ser definido como *terno*. Tudo o afeta e para isso ele não pode dar respostas ativas. A ternura é o primeiro e essencial ingrediente para o desenvolvimento posterior, e a segurança primária provém dessa etapa da vida. Aprendemos a depender, a não controlar o ser amado por temor ao abandono. A *ternura* é o centro gerador de tudo que vai ocorrer depois – a ternura como essência própria e como condicionante do que é recebido. Sente-se a vulnerabilidade como uma condição e não como um perigo.

Assim como menciono o aspecto estruturante positivo da ternura nessa etapa, sua ausência ou presença deficitária permitirá compreender a autorreferência como uma condição que se origina também nessa fase. Todo o negativo é sentido como dirigido a si mesmo. O bebê também não consegue elaborar como alheia a dor sentida no corpo, e este reage na forma de doenças psicossomáticas.

Podemos afirmar que o que chamamos de amor é uma essência e que desse ponto em diante só veremos as respostas que podemos dar a essa qualidade essencial.

AS RESPOSTAS

O processo de amadurecimento biológico, condicionado pelos fatores emergentes da família – que por sua vez media a comunidade em que a criança se encontra –, prossegue traduzindo o crescimento. A figura do pai é central nessa etapa. A dependência absoluta é seguida por uma autonomia crescente e pela diferenciação do meio: "O meio circundante não sou eu". Assombro, perda, alívio. E o bebê abre seu sorriso com o mundo ao alcance da própria mão. Mas essa conquista depende da etapa anterior. O triunfo da autonomia é precedido por ela e inclui a capacidade de assumir a própria vulnerabilidade. Não se separa uma fase da outra.

Quando a evolução natural condicionada por um determinante psicofísico se vê interrompida, a autonomia exclui a vulnerabilidade, a *dureza* substitui a *força*. A expressão da criança a delata. Ela espanca, rechaça, parece estar sempre na defensiva. Essa força impulsora é o que chamamos de agressão. E, dependendo da segurança incorporada (ou não) da etapa anterior, será força impulsora ou força destrutiva. Sempre existe uma porcentagem de ambas, mas se observarmos as crianças brincando veremos em algumas a predisposição para armar e construir, enquanto outras primordialmente quebram ou batem.

Existem fatores genéticos? Sem dúvida. É um amálgama difícil de precisar, exceto em casos muito marcados. Está mais do que provado que o DNA transmite fatores que são mais condicionantes que determinantes, isto é, os fatores vinculares podem claramente agir com aqueles de índole biológicas.

Quando surge a autonomia e a diferenciação entre a criança, a mãe e o pai, começa a ser percebido o que chamo de *terceiro progenitor*: o vínculo entre os pais. Ao não ser concretamente identificável, tem a força de um poderoso mensageiro. A dinâmica, a doçura, o carinho, o respeito, a sensualidade entre eles vão moldando para a criança um modelo de amar. O sentimento em si é muito mais considerado que as condutas vinculadoras. Pais distantes, controladores, indiferentes entre si moldam o amor como sentimento. Nesse sentido, conhecemos mitos nascidos do terceiro progenitor: se não tem ciúmes de mim (me controla, me vigia, me critica etc.), quer dizer que não me quer.

Até aqui os vínculos estabelecidos são assimétricos: a responsabilidade é do adulto encarregado da educação da criança.

Depois dessas etapas de amadurecimento vem o encontro com os pares, pelo qual aprendemos as dinâmicas da vida adulta. O fraterno depende das outras duas, indo do compartilhar desejável ao competir, que é o paradigma de uma sociedade individualista. Sua expressão mais negativa é a rivalidade, cujo objetivo não é fazer o melhor ganhar, mas impedir que o outro ganhe. Às vezes, a qualquer preço.

Essa descrição muito estreita pode ser ampliada no livro *Manual do psicodrama* (Bustos e Noseda, 2007), no qual explicamos a teoria dos *clusters*.

Como já mencionei, o amor, na sua gênese, está primariamente conformado pela ternura, que passa a ser condição de todos os sentimentos que aparecem posteriormente. Porém, não é possível ter uma compreensão linear estímulo-resposta. A não existência de ternura como base do amor não necessariamente condiciona uma resposta concordante, que seria a de sentir-se endurecido e agressivo ou temeroso e eternamente frágil. Existe felizmente a resposta contrária, como a resiliência. O exemplo mais próximo desse tipo de resposta ao desamor encontramos em Zerka Toeman Moreno. No seu livro *To dream again: a memoir* (2012), a autora compartilha sua condição de criança não desejada e rechaçada pela mãe, que mais tarde padece de um condrossarcoma, razão pela qual seu braço direito é amputado. Sua luta é constante até que ela se converte em uma pioneira do psicodrama e curadora por excelência. É um exemplo que, embora como o de tantos sobreviventes do desamor, por ter chegado ao lugar proeminente a que chegou, nos ilumina em uma opção que confirma Sartre quando diz que o ser humano é o resultado não do que fizeram com ele, mas do que ele fez com essas experiências.

No seu pouco difundido livro *Love songs to life* (1993), Zerka nos presenteia com um dos seus poemas:

Let us meet
In yesteryear,
Let us meet
A year from here,
Let us love,
Or hate,
Or fear,
But
Let us meet.

Sua mensagem tenta dessacralizar o amor a favor do encontro profundo.

EROS E ÁGAPE

Todas as conotações do amor difundidas são equivalentes ao amor erótico, amor pelo outro que espera ser correspondido. Um amor que procura seu prêmio, seu retorno imediato. Esse amor é válido e faz parte das satisfações que a vida oferece. Não o confundamos com as caricaturas oferecidas pelos meios de comunicação em forma de figuras eróticas siliconadas e vulgares que colocam o ser humano em função da forma mais degradada do narcisismo. Infelizmente, a difusão constante desses exemplos de pseudoamor alimenta a subjetividade de crianças e adolescentes. Como esses exemplos são endossados pelas grandes empresas em busca de lucro, acaba sendo muito difícil opor-se à trágica confusão. Não quero estender-me nessa pobreza humana, já que é sabido que pagar pelo sexo é um negócio acertado, condizente com receber satisfação sem reciprocidade. Em uma época de liberdade sexual, não seria compreensível que tivessem proliferado tanto os lugares de sexo. A menos que se esteja procurando pelo equivalente ao "Mc Sexo" confundido com o amor.

Esse tipo de amor é o mais visível. Tem uma lista de serviços rápida e difusão imediata. Mas, felizmente, existe outro sentimento que podemos chamar de amor: este se denomina ágape. Atualmente, a palavra ficou enterrada em uma das suas significações mais superficiais: reunião de camaradagem. Mas sua prática não desapareceu, pois, se não aparecem nos meios de comunicação, os atos solidários existem no cotidiano. Ajudar o outro porque é necessário, sem esperar nada em retorno. Anonimamente. Esse amor está inscrito na matriz de identidade total e indiferenciada. Incondicionalidade no ato de dar. Nesse estágio é natural e não existe outra opção, pois o bebê é um ser passivo e indefeso. Porém, se persistir no tempo, veremos quantas pessoas passivas e indiferentes encontramos ao nosso redor, quase sempre passando por elas sem notá-las. Porque dói e sentimos impotência. Individualmente, nos vemos sem recursos. E esse é o melhor aliado da injustiça social. Pequenas ações não resolvem o problema social, mas se valorizarmos esse pequeno passo teremos dado anonimamente algo para diminuir o sofrimento de um semelhante.

Nesse tipo de amor a recompensa está no ato em si. Todos já vivemos o inefável sentimento de ter feito algo sem esperar retorno. Mas a compreensão do amor como equivalente a eros nos faz desvalorizar esses momentos nos quais nossa essência humana se manifesta na sua máxima expressão. Devemos lembrar que Eros era filho do desamor, rechaçado pelo pai, o deus da guerra, Ares, cuja mãe, Afrodite, deusa do amor, o esconde para que sobreviva. Cupido ou Eros está sempre armado de arco e flecha e condenado a não crescer nunca: é um eterno bebê.

AS DESCOBERTAS DAS CIÊNCIAS

O amor como essência, primário, decorre da matriz indiferenciada. Faz parte do ser e, secundariamente, do sentir e fazer. A ternura a partir de fora é sentida como própria, sem que a essência adquira a qualidade de se transformar em ação. O indivíduo consegue se sentir amado, mas é incapaz de amar. E, muitas vezes, chega a castigar o ser amado. Surge um amor unidirecional, em que um dos parceiros satisfaz sua necessidade mas não pode retribuir. O outro é um objeto de satisfação. O complementar para esse tipo de amor está determinado por alguém que sente que não merece ser amado. Como polos opostos que se atraem, ambos os termos da relação se complementam no seu déficit. Encontros e desencontros são definidos como tele e transferência. As bases e a compreensão desse fenômeno devo referenciá-las aos escritos de Moreno.

Atualmente, as teorias empíricas sobre o amor encontram sustento científico. A neurociência demonstra que os acertos de Moreno podem ser vistos desse ângulo. Dia após dia, mais elementos para comprovar a existência das moléculas das emoções são encontrados. Em seu livro *Molecules of emotion* (1999), Candace Pert esclarece a essência dos aspectos neuroendócrinos das emoções. Receptores, neurotransmissores, esteroides, peptídeos etc. nos ajudam a compreender que não é possível ver o ser humano como corpo e mente, pois ambos constituem uma unidade absoluta e indivisível.

A dissociação faz parte da dificuldade de contemplar a totalidade e de compreender profundamente algo a que Ortega y Gasset referia-se como o homem e as suas circunstâncias. Não somente os sentimentos precisam ser compreendidos com base nessa unidade, mas a isso se adiciona a rede vincular em que ele se encontra. As relações humanas geram reações psicofísicas de intensidade diversa. A sabedoria popular e os poetas sabem dessa realidade há muito tempo. Recentemente, uma de minhas pacientes relatou ter um câncer de colo de útero. Ela comentou literalmente: vou morrer de amor. Seu companheiro faleceu em um acidente de carro e dois meses depois, achando que estava grávida, ela descobriu o câncer. A dor, a angústia, principalmente a que ocorre de forma abrupta, ativa células cancerígenas que muito provavelmente ficariam latentes, talvez para sempre. Os já muito famosos neurônios-espelho mostram que o encontro está longe de ser uma enteléquia para se tratar de um fenômeno vincular holístico.

A dificuldade do ser humano de ter uma compreensão global dos sentimentos nos leva a separar o inseparável. Os iguais são categorizados em separado, em compartimentos estanques. Todos os sentimentos são parte do ser humano. Ciúmes, inveja, rivalidade etc. não são quimicamente puros. Dessa forma, o amor sensibiliza profundamente o indivíduo colocando os sentimentos à flor da pele. O que acontece, então, é que o sentimento predominante se transforma no eixo relacional. Em menor ou maior intensidade, todos estão presentes. A cultura, em geral balizada pelas religiões, condena alguns deles e idealiza o amor. Com essa maneira de equalizá-lo, envia para a sombra os ciúmes, a competição, a inveja, que são simplesmente habitantes naturais condenados ao ostracismo. Não estou falando apenas da repressão, mas também da supressão consciente com a conseguinte *culpabilização*. A naturalização de todos os sentimentos humanos levaria a menos atuações. O que os diferencia é a relação de cada pessoa com tais sentimentos.

Os sentimentos não existem em si mesmos, mas nas relações. Diante dos ciúmes, por exemplo, pode-se agredir a quem desperta essa dor "indesejável". Chega-se a matar. Otelo não é o único mouro de Veneza. Também é possível sofrer depressivamente ou despertar um sentimento de vingança, entre outras condutas pelas quais tal sentimento é manifestado. Quanto mais demonizado encontrar-se um sentimento, maior será o perigo de um comportamento destrutivo. O amor, destituído dos seus "indesejáveis" acompanhantes, acaba por suportar uma forte carga de autorrecriminação, que finalmente o debilita. A forma como é vivido o amor depende em grande parte da cultura. A virgindade colocava o amor em qualidade de pureza, sendo considerada o limite entre a decência e a indecência. Considerava-se sexo puro somente aquele que tinha como intenção a procriação. Essas regras eram aplicadas principalmente às mulheres. O que para o homem era considerado picardia permitida – e admirada – eram pecados mortais para as mulheres.

AMOR E CULTURA

Se compreendermos o amor como uma qualidade vital, veremos que a cultura configura suas formas. A cultura ocidental em geral procura libertar-se de preconceitos. O poder estava só nas mãos dos homens. A mulher não votava, não escolhia, permanecia passiva à procura do companheiro, não podia receber heranças a menos que estivesse casada. Sua vida estava condicionada aos preceitos religiosos que em geral exaltavam seu sofrimento e sacrifício; ela se mantinha neutra diante das grandes decisões. Isso, em parte, ficou para trás, mas ainda tem consequências, que surgem nos moldes de uma confusão entre liberdade compartilhada e competição pelo exercício do poder. Essa dinâmica, que observamos diariamente, muitas vezes provoca separações na luta pelo predomínio. A saída da dissociação mulher passiva e dependente/homem dominante e ativo não é tarefa simples na prática.

A luta pelo poder transforma uma relação em um campo de batalha contínuo e extenuante. O grande erro é considerar a necessidade de mudança na dinâmica vincular um enfrentamento, quando na verdade trata-se de um mandato que mutilou e condenou à dissociação tanto os homens quanto as mulheres. Julgar o homem inimigo banaliza o problema e cria um confronto danoso. A superficialidade com a qual o divórcio é considerado a "solução" para a guerra faz que essa legalidade que permite uma saída saudável torne-se muitas vezes um ato cirúrgico e mutilador. A prudência e a clínica teriam encontrado saídas menos drásticas.

O amor, que estabelece um vínculo de longo prazo, implica uma necessidade de incorporar as mudanças produzidas ao longo do tempo. E, nos cânones tradicionais, uma mulher nasce em função passiva, ligada ao "dentro", cuidando do lar, dos filhos etc., enquanto o homem é impulsionado ao "fora", como provedor, protetor do lar, dos filhos etc. Isso condiciona os homens e as mulheres a ter de cumprir o mandato sem poder se perguntar se desejam ou não exercer essas funções. No caso da mulher, o limite biológico aumenta a pressão: é preciso ter filhos antes que seja tarde demais. Como uma mulher não deseja ser mãe? Esse absurdo mandato tem condenado ao sofrimento muitas mulheres que, segundo esse axioma, não cumprem com o sentido essencial de sua vida. O pior é que, por medo de ser rechaçada, ela acaba tendo filhos por dever e não por direito, havendo consequências nefastas tanto para as mães como para os filhos.

Mas, com o passar do tempo, a mulher deseja conquistar o lado de fora, ao passo que o homem procura ocupar os lugares da passividade e o albergue do lado de dentro. Se imaginarmos um X, o ponto de encontro está no centro e depois existe uma divergência natural. É comum ver senhoras em bares, cinemas e restaurantes, enquanto os homens se refugiam em casa assistindo a algum esporte pela TV. Em geral, recorre-se à companhia de pessoas do mesmo gênero, em reuniões nas quais os homens são criticados por ser chatos e as mulheres, charlatãs.

Esses avatares da relação amorosa podem ser sustentados sem muito sofrimento se a relação não baseia sua dinâmica em um ideal hollywoodiano. Seria desejável que o ideal vincular incorporasse desde o começo uma visão realista segundo a qual as dificuldades sejam vividas como aprendizagem contínua, entendendo-as como algo inevitável. Aprender a perder a própria juventude, a paixão gerada em princípio, a plenitude do encontro com os filhos é essencial para que um vínculo sobreviva com o passar do tempo. Ou não...

Os mandatos religiosos rígidos nos quais o vínculo deve ser mantido a qualquer preço chocam-se contra a banalidade com a qual as relações dos casais são consideradas em outros meios. Zerka Moreno propôs em muitas ocasiões que um casal deveria passar por um espaço que poderíamos chamar de "escola do amor", onde pudesse discutir como encarar as diferentes situações que enfrentarão. Não seria um processo de doutrinação, mas um espaço de aprendizagem, sem cercear o maravilhoso e perigoso período de encantamento.

A pluralidade de opções também complica o panorama, mesmo quando legitima vínculos que, ainda que sempre tenham existido, eram mantidos à margem da legalidade. Refiro-me às relações entre pessoas do mesmo sexo. Há muito tempo, tais pessoas eram objeto de escárnio, ficando à margem das instituições que acolhiam os considerados "decentes". Castigadas pela lei da sociedade e dos mandatos "divinos", circulavam com o peso da ilegalidade e da imoralidade. Hoje, a lei argentina e de outros países não só não condena como legitima a união entre pessoas do mesmo sexo. Isso não quer dizer que se mude por decreto o imaginário social; ao contrário, surge o reforço das reações contrárias. Porém, aos poucos surgem uma mudança que aos poucos produzirá o efeito desejado e também uma mudança no ideal da família – na qual, atualmente, cabe considerar a existência de dois pais do mesmo sexo.

Todos os conceitos sobre a conformação da dinâmica vincular e intrapsíquica baseiam-se em um referente que, ao mudar, gera diferentes respostas. O amor de dois homens ou de duas mulheres para com um bebê gerará os mesmos estímulos que os emitidos por um casal convencional? Se removermos a perspectiva moralista, que expressa opiniões baseadas no medo da mudança, teremos de conviver com a interrogação. Os conceitos vigentes até agora eram tão somente preconceitos? Minha experiência até o dia de hoje, baseada em auxiliar os casais do mesmo sexo, indica que podem existir diferenças, mas não necessariamente negativas. Creio que a necessidade desses novos casais de instruir os filhos na luta contra o preconceito será decisiva no resultado dessa nova – do ponto de vista da legitimidade – conformação familiar. O mesmo podemos dizer dos filhos de um único pai ou mãe. Se a lei biológica deixa de reger o amor em relação à sua legitimidade, o que acontecerá? Talvez devamos perceber o amor como algo não subordinado a uma lei preestabelecida, entendendo que a lei surgirá da compreensão do amor.

Para compreender melhor esse problema voltemos à teoria de *clusters* que mencionei no princípio. O *cluster* um ou materno – que cuida e ensina a depender sem angústia – tem de ser cumprido necessariamente por uma mulher? Certamente que não. Um estereótipo social diria que sim, simplesmente porque assim foi esquematizado pelo condicionamento biológico. Mas esse já não é um obstáculo. A ciência abre caminhos como o congelamento de óvulos, a barriga de aluguel, os embriões concebidos *in vitro* etc. E muitos novos ainda virão, permitindo diferentes opções. Assim, o homem pode ser um cuidador primário, assim como a mulher, que já está claramente exercendo seus papéis ativos, pode desempenhar as funções do *cluster* dois.

Muito ainda fica por ser dito, o tema central do ser humano nunca termina. Como um grande caleidoscópio, as possíveis variáveis mudam com as transformações culturais. Mas, voltando ao princípio, só existe um sentimento que permanece na base como essência de todos: a ternura. Se a relação é gerada apoiada nesse sentimento, e se ele se converte na matriz de todas as variáveis pelas quais um vínculo passa, impregnará a paixão, o companheirismo e a construção do projeto comum. A duração de um vínculo estabelecido como mandato tem o grande custo de ter a repressão como acompanhante constante. "*Tenho de* amar para a vida toda." O que acontece a partir desse ponto? "*Tenho de* sentir desejo sexual pela mesma pessoa para sempre."

Os deveres impostos pelos mandatos sociais foram acompanhando os diferentes períodos pelos quais transitamos. Os seres humanos não podem permanecer inalteráveis. Hoje, é muito difícil ouvir que uma mulher deva manter-se virgem até o casamento. Porém, é o que a Igreja como instituição prega.

A ternura nos garante que nossa manifesta e desejável vulnerabilidade nos torne flexíveis para percorrer as mudanças que necessariamente devem acontecer e nos indique se essas mudanças permitem reconstruir os vínculos sem que isso implique a destruição de seus integrantes ou de um deles. Quando as regras superam os desejos e se transformam em imposições que reduzem a liberdade, a agressão surge denunciando a falácia. Embora esse não seja o único motivo da violência de gênero, é um condicionante importante. Um jovem veio consultar-me por conselho do juiz que tramita seu divórcio. Chorando amargamente, diz amar muito sua esposa. É a "mulher da sua vida", mas não a única. Quanto melhor se sentia depois de uma relação sexual com ela, mais desejos ele tinha de agredi-la fisicamente. Fazia-o com frequência e muitas vezes saía à procura de outra mulher. Sua esposa propôs o divórcio alegando infidelidade. Em um sonho, as mulheres da sua vida o rodeiam até afogá-lo, até matá-lo. No ramalhete de flores que colocam em seu caixão encontra-se a seguinte inscrição: "Propriedade particular". O primeiro presente que ele deu à sua esposa foi um ramalhete de flores com um cartão que dizia: "Desde sempre e para sempre". Resumindo: o amor é a mais maravilhosa das complicações humanas.

REFERÊNCIAS BIBLIOGRÁFICAS

BUSTOS, D. M. *Perigo... Amor à vista*. 2. ed. São Paulo: Aleph, 2001.
_____. *Manual para um homem perdido*. Rio de Janeiro: Record, 2011.
BUSTOS, D. M.; NOSEDA, E. *Manual do psicodrama*. Buenos Aires: Vergara, 2007.
MORENO, Z. T. *Love songs to life*. Princeton: ASGPP, 1993.
_____. *To dream again: a memoir*. St. Paul: Mental Health Resources, 2012.
PERT, C. *Molecules of emotion*. Nova York: Simon & Schuster, 1999.

2. Os primeiros amores

Maria Luiza Vieira Santos

ESTE TEXTO FOI ELABORADO com base em experiências e reflexões no papel de psicoterapeuta e psicodramatista. Acompanho, há muito tempo, crianças e adolescentes, seu desenvolvimento, suas transformações e descobertas, certezas e incertezas, dores e alegrias.

A crença de que os vínculos, os modelos relacionais e o olhar confirmador dos pais são fundamentais para a construção da subjetividade dos filhos me estimula, cada vez mais, a incluir pais e filhos no processo de psicoterapia. Tal prática favorece o desenvolvimento de relações télicas que verdadeiramente auxiliam no resgate da espontaneidade e da criatividade e criam possibilidades mais saudáveis de compreensão e estruturação do crescimento.

Acompanhar o surgimento dos primeiros amores é transitar entre grande carga de emoção, afeto, respeito aos limites, às singularidades. Transitar pela delicadeza de uma experiência que pode marcar para sempre.

DE HARMONIOSOS A "HORMONIOSOS"

O processo de amadurecimento que ocorre na puberdade, tanto do ponto de vista fisiológico como neurológico e emocional, acontece a cada ser humano, respeitadas as diferenças de gênero.

Sobre a adolescência, porém, não se consegue tão facilmente dar uma definição, considerando-se suas infinitas possibilidades e variações. É um processo singular, absolutamente individual e vinculado a diversos fatores, tanto do ponto de vista relacional quanto intrapsíquico – ou seja, depende, e muito, do mundo interior e do mundo exterior de cada um.

Trata-se de um tempo de transformações físicas, cognitivas e emocionais. Essas mudanças não decorrem apenas de uma inundação de hormônios sexuais, conforme afirmavam visões anteriores. Sabe-se hoje, com base em pesquisas neurocientíficas, que existe uma reorganização das estruturas do cérebro que permite iniciar novas vivências de amadurecimento.

É uma fase de grandes e significativas mudanças que determinam a passagem da infância para a vida adulta, peculiar a cada ser humano, feita no seu tempo, a seu modo e com base nas experiências desde o início da vida.

A definição de adolescência é, portanto, uma grande interrogação. Conceituar é difícil, pois equivale a reduzir ou restringir o que a fase tem de mais peculiar: as diferenças individuais, suas variações e enormes possibilidades.

Observam-se, entretanto, várias coincidências que fazem que os jovens se agrupem e formem turmas, buscando se entender e ser entendidos na construção de uma nova identidade. Existe aí uma enorme necessidade de pertinência que faz que cada turma vista as mesmas roupas, cultue os mesmos ídolos, use as mesmas gírias etc.

É possível estabelecer, resumidamente, alguns marcos significativos e comuns que constituem e caracterizam a passagem da infância para a adolescência (embora muitos cheguem à idade adulta sem passar por algumas dessas mudanças):

- desenvolvimento do pensamento abstrato e da subjetividade;
- capacidade de se colocar no lugar do outro;
- perda do interesse pelo que é conhecido e busca de novidades como música, literatura, esportes, religião, filosofia;
- atribuição de significativa importância a novas amizades e a diferentes interações sociais;

- construção de um código de valores e ética próprio, percebendo e respeitando as diferenças;
- passagem da irresponsabilidade para a responsabilidade, escolha profissional, planos para o futuro;
- busca de autonomia e desenvolvimento da independência psicológica dos pais;
- desinteresse pela companhia dos adultos;
- investimento afetivo e sexual nas escolhas e desenvolvimento da capacidade de construção de relacionamentos amorosos: descoberta dos primeiros amores.

O COMEÇO: MORENO, SPITZ, LE DOUX E OUTRAS IDEIAS

Cada ser humano nasce num absoluto estado de indiferenciação e, aos poucos, vai desenvolvendo a capacidade de se perceber e de construir sua identidade.

Esse processo de desenvolvimento acontece mediante as relações com as figuras que lhe prestam os primeiros cuidados (não necessariamente mãe e pai biológicos). É importante que tais figuras funcionem como referência, como matriz. São elas que darão ao bebê uma bagagem que lhe permitirá inscrever sinais de confiança, adquirindo de seus espelhos vivos a percepção e o entendimento do que é ser gente. Dessa forma, ele aprende quem ele é. Tal investimento amoroso e afetivo é de extrema importância, considerando que o bebê não conta com possibilidades de regulação, de filtragem da experiência, e fica na total e absoluta dependência do adulto, que funciona como elemento formador da "matriz de identidade". Segundo Moreno (1978, p. 112),

> [...] essa coexistência, coação e coexperiência que, na fase primária, exemplificam a relação do bebê com as pessoas e coisas à sua volta, são características da matriz de identidade. Essa matriz de identidade lança os alicerces do primeiro processo de aprendizagem emocional da criança.

René Spitz (1979) estudou muito tempo a relação entre mães e bebês, descrevendo e reafirmando a importância de cada etapa na conquista da identidade de uma criança. Enfatizou também que o cuidado em cada fase se traduz em conquistas significativas no processo de desenvolvimento. As primeiras inscrições influenciam as etapas seguintes da vida na medida em que permitem o reconhecimento de alguma sensação externa que faz sentido com algo que é interno. Elas permitirão à criança ser mais ou menos vulnerável e dependente conforme a qualidade das experiências vividas.

A chamada "socialização elementar", conceito formulado por Spitz, se traduz em uma fase na qual a criança experimenta os primeiros contatos e as primeiras relações afetivas que serão matrizadoras de sua individualidade, registrando as primeiras impressões de forma favorável ou desfavorável.

Assim se forja e se forma a ideia que a criança tem de si mesma e dos outros.

Portanto, as primeiras aprendizagens amorosas acontecem numa relação de simbiose emocional, de total dependência, num processo não verbal marcante para a vida futura. Nesse processo, ela vai somando experiências e diversificando as fontes de nutrição, a princípio com mãe e pai, depois com avós, tios e cuidadores, em novas trocas. Posteriormente, entram os irmãos e os amigos, pares simétricos que enriquecem a rede de vínculos e de relacionamentos.

Estudos do neurocientista Joseph LeDoux reafirmam a ideia de que as relações amorosas são influenciadas por padrões anteriores. De acordo com ele, cada ser humano enfrenta situações de relacionamento com base na bagagem que recebeu como modelo, mesclando o presente com as experiências passadas.

> [...] as interações dos primeiros anos de vida estabelecem um conjunto de ligações elementares, baseadas na sintonia e nas perturbações nos contatos entre a criança e os que cuidam dela. Esses aprendizados emocionais

são tão poderosos e, no entanto, tão difíceis de entender do privilegiado ponto de vista da vida adulta, porque estão armazenados na amígdala[...] (Goleman, 1995, p. 36)

De acordo com Le Doux, a amígdala cerebral é o depositário dos aspectos emocionais que acompanham as memórias e contêm registros de experiências pré-verbais, anteriores à compreensão e à capacidade de expressão. Acredita ele que, no futuro, quando esses registros forem estimulados por alguma nova experiência, reaparecerão acompanhados de uma intensa carga de emoções e sentimentos, permeados por significados diretamente relacionados às vivências anteriores.

Cada ser humano cresce e se desenvolve com um código próprio de afeto, como se escrevesse um dicionário interno, manual ou guia. Esses sinais são provenientes da forma como se estabelece a relação com as figuras parentais e com os primeiros cuidadores e da maneira como se inscrevem as primeiras experiências da vida. Um caminho de mão dupla entre o que é dado e como é recebido vai gravando sinais emocionais, marcas na memória e no mundo interno. Cada família, em cada cultura, tem linguajar próprio e modos específicos de manifestar carinho e afeição. Assim começa a se definir o amor. Definição que vai nortear escolhas futuras tão sutilmente quanto sutil é a linguagem que permeia os primeiros relacionamentos.

DIFERENCIAÇÃO E AUTONOMIA: DOS PAIS AO GRUPO

Alguns indicadores claros da entrada na adolescência são as mudanças significativas no comportamento: desapego das atividades da infância, queixas de tédio, procura incessante de novidades, imediatismo e comportamentos de risco. A busca de prazeres novos e imediatos dá o tom ao dia a dia dessa nova criatura, que supervaloriza e idolatra o novo. A ousadia e a impulsividade surgem numa explosão de energia e intensidade muito maior do que nas etapas anteriores da vida.

Essas modificações levam o jovem à possibilidade de adquirir novas e diferentes experiências que resultarão em independência. E essa autonomia tão esperada possibilitará o afastamento da família, a separação emocional dos pais e a busca do grupo como fonte de prazer e referência. A turma passa a ser mais importante que tudo. Os amigos se tornam o centro das atenções e dos interesses.

Segundo Içami Tiba (2005, p. 25), nasce uma nova identidade, oriunda da maturação biológica e das transformações psicológicas: "A família vive um novo parto pelos pais parturientes e pelo adolescente que nasce para a autonomia comportamental".

E, ao mesmo tempo que vive grandes e turbulentas descobertas em si mesmo e no grupo, o adolescente inicia uma fase de ensaio para a vida amorosa, um treino para os relacionamentos futuros, na medida em que se percebe tomado por novos interesses. Surgem os primeiros relacionamentos de entrega e igualdade total – relações de simetria.

A descoberta do amor traz ao mesmo tempo intensidade e tensão, turbulência e agruras, sustos e surpresas.

Se na infância os brinquedos auxiliavam na preparação para a vida real, reproduzindo situações cotidianas, estimulando a imaginação e a fantasia, na adolescência as novas experiências têm a função de preparar para o envolvimento afetivo, para a entrega e para a vida amorosa.

Se na infância o amor era algo recebido dos pais, assistido na TV e no cinema ou aprendido por meio dos contos de fadas e na puberdade um sentimento direcionado aos ídolos e professores, na adolescência passa a acontecer com os colegas, amigos e (que susto!) com cada um. Passa a ser sentido na pele, vivido visceralmente.

O outro se torna admissível, interessante, muito interessante, necessário, fundamental.

BEIJAR, FICAR, NAMORAR

O envolvimento amoroso parece ser a tônica em todos os lugares. Muitos no grupo vivem a mesma situação. A procura de parceiros amorosos passa a roubar todas as cenas, ocupar todos os espaços, alugar todas as cabeças e ser o principal assunto das conversas.

Ficar é o primeiro passo. Embora pareça novidade contemporânea, nada mais é do que uma versão atualizada dos antigos amassos, com mais liberdade e permissão para a experimentação. É aquecimento, treino de papel, preliminar para escolher um namoro com maior liberdade, mais subsídios, menos surpresas.

Comportamento muitas vezes gerador de angústia nos pais, ficar é um passo importante no processo de aprendizagem emocional e sexual dos adolescentes. São as primeiras lições de como lidar de forma concreta e prática com desejos, concessões, tolerância, limites, vontades, necessidades. Enfim, o ficar é ponto de partida para o aprendizado a respeito de si mesmo, das suas emoções e dos desejos e emoções do outro.

Os amigos namorando (aparentemente todos), a mídia estimulando, músicas sugerindo, livros, revistas, filmes mostrando – tudo parece convidar e convocar ao amor.

As agruras são inevitáveis. Como entender o fato de que as pessoas mais atraentes também o são para muitos outros candidatos e lidar com ele? A relação oferta e procura gera angústia e se torna motivo de estresse.

A timidez parece tomar conta e trazer grande insegurança, comum a uma parte significativa dessas criaturas cujo corpo passa por tantas transformações que seus donos nem se reconhecem...

Vem o medo da rejeição. O medo de não ser atraente. O medo de levar um fora. O medo de dar um branco na hora da conversa. O medo de não ser aceito.

Muita tensão. Muito medo.

Temor de primeira vez: o primeiro beijo, a primeira vez que tem maiores intimidades, a primeira vez que se relaciona sexualmente.

Os medos mais comuns se referem a não ser correspondido, não ser escolhido, não fazer a escolha correta, não saber o que fazer, falhar, contrair doenças, sentir dor, engravidar, sofrer. Notam-se também preocupações com o funcionamento sexual e com a virgindade, com rejeição e com aceitação.

Ora muita alegria, ora muita tristeza. Algumas experiências compartilháveis, outras bastante solitárias.

As sensações se alteram, os olhos brilham, a boca fica seca, as pernas tremem e ficam bambas, o coração bate em ritmo disparado. Nada se consegue controlar.

Inúmeros sentimentos, permeados por desejo e culpa, curiosidade e dúvida. Nessa fase, aparece toda a ambivalência entre sair do casulo ou permanecer sob a proteção da família. Aparece também confusão entre experimentar os apelos do mundo externo e os temores da interioridade.

Proibido e permitido, obediência e transgressão se confrontam continuamente. Se os representantes do mundo externo (adultos: pais, professores, psicoterapeutas etc.) oferecerem limites tranquilizadores, com significados e objetivos coerentes, de forma amorosa e compreensiva, o jovem terá mais segurança para buscar autonomia, diminuindo os riscos de precisar se arriscar e experimentar desvios no caminho na ansiedade de provar seu valor a si mesmo e aos outros.

O aprendizado está só começando. E vai se transformando ao longo da vida. Essas vivências serão fundamentais para as futuras relações amorosas.

Tudo isso é ensaio para as ações da vida adulta. O caminho do aprendizado emocional é longo e, muitas vezes, descompassado, o que reforça a importância e a necessidade da proximidade com os adultos. Assim, o diálogo, as informações e as orientações vão contribuir com a sonhada autonomia e abastecê-la com maturidade e responsabilidade.

DESENCONTROS E ENCONTROS

A descoberta dos primeiros amores coincide frequentemente com a mudança da identidade, com as definições da personalidade e com a construção da subjetividade. É uma época de imaturidade em busca da maturidade. Uma crise de reformulação em busca da assimilação de uma estrutura madura e de novos valores.

As primeiras experiências são marcantes e fundamentais na construção dos vínculos. Os pais representam modelos, figuras de referência no início da vida. E, na fase da descoberta do amor, esse papel se modifica, mas nem por isso perde importância.

Troca de informações e experiências, o respeito e a tolerância às diferenças, o apoio e a valorização dos sentimentos fazem muito mais efeito do que as regras exageradamente rigorosas ou as proibições sem explicação.

Os pais têm o desejo de ver o filho crescido e sabem que, para isso, precisam se afastar, permitir o desapego e a separação. Mas, ao mesmo tempo, se ressentem de perdê-los – como se, com a passagem do tempo e as mudanças dela decorrentes, perdessem seus planos e sonhos. É um momento de dificuldades e contradições para os pais, que se sentem rejeitados quando os filhos diminuem a demanda de solicitações. Também é comum que os pais se defrontem com sentimentos de inutilidade, solidão, temor de perder a função. E, revivendo a própria adolescência, não raramente deparam com atitudes semelhantes às de seus filhos ou extremamente parecidas com as de seus pais. A linha divisória entre manter a proteção, antes tão necessária, e respeitar a privacidade, agora tão fundamental, acaba gerando conflitos na dinâmica da família, que perde a harmonia e passa a viver a influência da nova fase de busca e solidificação da autonomia.

Muitos adultos têm dificuldade de aceitar o crescimento dos filhos. Sentem saudade da época em que estes eram bebês. Temem admitir a passagem do tempo, pois isso equivale também a reconhecer seu próprio envelhecimento. E se misturam, se atrapalham, se perdem. Controlam exageradamente. Ou agem como se fossem amigos, da mesma turma. Compartilham experiências, inclusive as amorosas.

É como se os filhos precisassem destronar os pais ao perceberem que eles são humanos, têm defeitos e dificuldades. Nessa fase, questionam os valores familiares, tornam-se críticos e mudam o foco de admiração para o(a) namorado(a). É importante que os pais percebam que o caminho da autonomia e independência é saudável e restabeleçam a segurança nesse novo momento, compreendendo que essas manifestações são absolutamente pertinentes – e possivelmente resultado de suas ações como pais que prepararam o filho para essa etapa. Importante lembrar que o filho não está se transformando em outra pessoa e que as orientações, os valores e os princípios continuarão com eles, germinando como sementes que foram plantadas, cuidadas e cultivadas ao longo de muito tempo.

Os primeiros amores são inesquecíveis, pois fazem parte de um tempo de descobertas muito significativas. Podem dar certo ou não. Podem durar ou não. Mas são intensos e chegam com grande carga de emoção.

Na fase inicial, não há muita consciência dos impulsos sexuais. Surgem o interesse pelo outro e a experimentação do amor. Os primeiros amores são experiências sérias e marcantes para a vida, pois resultam em alegria, frustrações, confirmações e desconfirmações.

Amar e ser amado são as coisas mais importantes nesse momento de descoberta. Durante algum tempo persiste a idealização de um relacionamento perfeito e duradouro, e só mais tarde surge a possibilidade de rever o significado e a dimensão desse sentimento.

A convivência dá lições sobre qualidades complementares, vínculos entre iguais. Todas essas vivências são fundamentos para outros relacionamentos que virão mais tarde.

O aprendizado do amor, seus altos e baixos, suas alegrias e tristezas possibilitam a descoberta de uma gama de sentimentos e vivências que passam a fazer parte de um novo repertório: afeto, ternura, renúncia, escolha, exigência, doação etc.

As primeiras lições sobre o amor não são fácil nem rapidamente assimiláveis. Demandam paciência e tempo para chegar até a maturidade e alcançar a possibilidade de um exercício responsável e maduro, saudável e isento de culpas ou inibições.

Há chances de os adultos já terem se apaixonado e se decepcionado mais vezes do que os jovens. Convém lembrar que todos já viveram essa etapa. É importante se colocar no lugar do outro com coerência, afeto, real disponibilidade de compreensão e sem julgamentos para ensinar o respeito pelo outro e a valorização da afetividade.

Mas é preciso deixá-los viver seu tempo, correr seus riscos, aprender suas lições. E, na hora de ajudá-los a lidar com angústias, dúvidas e incertezas, lembrar que também já viveram seus primeiros amores, que já passaram por tudo isso e não há como evitar a parcela de sofrimento nem como aprender sobre o amor sem amar.

REFERÊNCIAS BIBLIOGRÁFICAS

BUSTOS, D. M. *Perigo... Amor à vista!* São Paulo: Aleph, 1990.
CUKIER, R. *Palavras de Jacob Levy Moreno.* São Paulo: Ágora, 2002.
GOLEMAN, D. *A inteligência emocional.* Rio de Janeiro: Objetiva, 1995.
HERCULANO-HOUZEL, S. *O cérebro em transformação.* Rio de Janeiro: Objetiva, 2005.
LEDOUX, J. *O cérebro emocional.* Rio de Janeiro: Objetiva, 2001.
MORENO, J. L. *O psicodrama.* São Paulo: Cultrix, 1978.
SPITZ, R. A. *O primeiro ano de vida.* São Paulo: Martins Fontes, 1979.
TIBA, I. *Puberdade e adolescência.* São Paulo: Ágora, 1986.
_____. *Adolescentes: quem ama educa.* São Paulo: Integrare, 2005.

3. A visão feminina do amor: é porventura tudo e tanto?

Suzana Modesto Duclós

DO PRELÚDIO COM EROS

ESTA REFLEXÃO SOBRE MULHERES que amam homens contém, deliberadamente, elementos autobiográficos, uma vez que minha vida como mulher é inseparável de minha vida intelectual. De maneira simples, projeto tecer aqui uma rede cujos fios vivos são os de minha existência, conhecimento e reflexão. Enlaço também nesse tear as vivências do trabalho cotidiano como psicoterapeuta e psicodramatista, a intimidade com a alma feminina e a masculina.

De múltiplas formas e intensidades pode acontecer a aventura amorosa face a face: um homem e uma mulher, uma mulher, um homem e um Encontro como é compreendido por Martin Buber e Jacob Levy Moreno. Quem sabe?

Antes dos pensamentos vêm os sentimentos. Misteriosos como bruma, inundam os espaços da mulher que é tocada por Eros. A flecha do deus do amor erótico, fugaz e certeira, atinge e ilumina mulheres que amam homens. Com os pensamentos já tingidos pelos humanos "sentires" do feminino enamorado, acontecem os movimentos de dança e busca na realização do desejo erótico. Antes da confirmação, presentifica-se uma mulher, agora, com a ânsia de ser amavelmente correspondida pelo homem desejado.

Eros não é prático, plácido, nem sequer planificado. Contém o poético. O pulsional, o precioso, o primal. É incêndio e ardor.

Trilhar seus assertivos e equivocados caminhos é também transitar entre vastidões interiores, com momentos de êxtase e plenitude, espantos, angústia e vazios abissais.

Fiandeiras e moiras da vida, nós mulheres, desde muito cedo, temos curiosidade de conhecer o deus do amor. Afinal, não é ele também uma parte nossa?

E, se é possível,

- vivermos ardentes, videntes, surpreendentes;
- usarmos coração, razão, salto alto, pés no chão;
- trazermos alegria, fantasia, revelia;
- sermos matriz, nutriz, raiz;
- ficarmos calorosas, medrosas, prosas;
- agirmos lúcidas, bobas e loucas;
- fluirmos artistas, detalhistas, exclusivistas;
- sorrirmos luminosas, espinhosas, dengosas;

também é possível a vivência criativa de amar e ser amada!

Existir e amar, bem sabemos, é também conviver com a impermanência. É ter consciência de que durante todo o tempo transitaremos entre a Via Láctea e a via-crúcis da nossa humanidade. Assim, bem-vindos e bem-aventurados Eros, Philos e Ágape, nossas maneiras de amar.

DO AMOR NOS TEMPOS DA VIDA

Nascer da natureza feminina, Geia, mulher, e dela receber nutrição e abrigo é prenúncio do sentimento amoroso. A atmosfera de ternura, sensibilidade e zelo, em suas múltiplas qualidades, constará, desde logo, como bagagem sutil na memória afetiva da primeira díade, mãe-filho. Como em tudo, há um começo pleno de intensidades. É na história, passo a passo, do primeiro ato vincular que ficarão referenciados os aspectos de nossa maneira de ser e estar no mundo. O amor de mãe ofertado pelos braços e abraços, pelo toque e pelo calor será parte fundamental no novo ser. E, com o contexto dessa vida que se desenrolará, dos papéis adquiridos e exercidos e das relações familiares e socioculturais, estará impresso o que J. L. Moreno denominou de matriz de identidade de cada criatura humana.

"Nascer é uma sorte", nos diz Montaigne (2003, p. 50), e "o mistério do nascimento é mais rico para meditar que o mistério da morte", complementa Simone Weil (2003, p. 50). Criando, nos tornamos criadores, mas é também nos deixando criar que nos tornamos criaturas. Sempre precisamos de vínculos, e é por isso que o vínculo está sempre no princípio. É na tomada dos papéis de mãe e de filho que se abre e se amplia a aprendizagem para a estruturação dos primeiros e dos vários papéis ao longo da vida adulta. Assim vivemos, crescemos, amamos e morremos. Em outras palavras, vivemos, crescemos, amamos ou morremos. Entre ganhos e perdas, belezas e misérias, emoção e frieza, choque e plenitude, sins e nãos, limites e voos, sonhos, realizações e nostalgias do que não pode ser, vamo-nos inventando, seres criativos e espontâneos que somos.

Nós, meninas e mulheres, desde cedo pegamos gosto pelas brincadeiras de boneca e casinha, tendemos a falar cedo e a criar nos jogos de faz de conta. Mais fluentes no trânsito com os interiores psíquicos e versáteis na dramatização de sentimentos e desejos, somos complexas nos exteriores, na exposição-ação e na declaração prática de nossas necessidades. "O que querem as mulheres?" é uma pergunta que continua atual, em movimento e sem resposta conclusiva. Muitas de nós escrevemos diários e divagamos em frases poéticas e queixas... E ainda hoje, paradoxalmente a tantas conquistas, inúmeras vezes esperamos intensamente ser "adivinhadas" pelos homens.

O mundo da rua é deveras atraente, mas precisamos da intimidade da casa e do canto. Cedo manifestamos atração pela intersubjetividade. Logo aprendemos que "é melhor crescer antes de envelhecer, em vez de envelhecer antes de termos crescido" e que ser criança no fim das contas dá muito trabalho. Aprendemos a crescer e aceitamos amadurecer ou postergamos a saída da adolescência, nos sujeitando a vários aspectos de dependência dos adultos provedores.

Repassando memórias, lembro que no início de minha puberdade eu tinha a crença irremediável de que uma mulher e um homem, ao se amarem "de verdade", "profundamente", estariam com as vidas unidas e salvas. Onipotente e heroicamente seriam protegidos e agraciados pela força do erotismo e da paixão. O cotidiano da convivência desse casal, incluindo as individualidades, a cultura, a educação, as histórias, os mitos e as referências da silenciosa e singular matriz de identidade, que eu sequer valorizava, tudo – realmente tudo – seria suportado pelo "amor recíproco e igual"! Dificuldades, adversidades, impermanências do viver seriam naturalmente sustentadas, flexibilizadas e amenizadas pela qualidade do vínculo desse casal-amante-amado. Em algum caderno secreto dessa época, bem posso ter escrito: "Quando crescer, poderei viver o verdadeiro encontro. 'Ele' estará lá, eu o distinguirei entre todos, ele me enxergará, diferente e distinta de todas as meninas. E, magicamente, nós nos amaremos".

Entre esperanças de completude e utopias, tangenciando vazios, teimava eu, romanticamente, em acalentar essa crença. Até os filmes e livros com final feliz já não eram a tônica, abatiam os sonhos de amor alegres ou trágicos, que de tão fascinantes se tornavam afagos na mente e na alma. Aguçavam a atmosfera do desejo impossível: uma mulher e um homem, 1 + 1 que se tornavam, pela via transformadora do amor, UM! Dois seres, corpos, mentes e espíritos pulsando na "imortalidade" das estrelas sobre o mar da ilha onde eu costumava divagar com as amigas a cada novo verão.

Com a adolescência, abriu-se a possibilidade de comprovar a ventura e a desventura daquelas enlevadas crenças. Chegou o tempo de se enamorar e de iniciar o aprendizado do jogo de eleger entre os meninos "o especial", de descobrir quem é essa pessoa que se distingue e devagarzinho colocamos no coração.

Psicodramaticamente, aqui e agora, seria algo como o que segue aqui em solilóquio: "'ele' estava lá, eu o vi, senti, pressenti e, no arrebatamento que me inundou, atribuí (sem consciência nem consequência) a 'ele' as virtudes e os talentos que eram, genuinamente e apenas, anseios meus. Quis acreditar, vi e não percebi nada além do que eu mesma necessitava. E ele estava tão disponível! Maravilha!" Desavisadamente, foi se tecendo a armadilha sutil de depositar no eleito – e por isso amado – os anseios que estavam mais em meus sonhos do que nele próprio. Reitero como se fossem apenas minhas essas memórias, incursões interiores no tempo da transição, mas na verdade simplesmente protagonizo aqui anseios e buscas partilhadas entre amigas, jovens adolescentes em seus projetos de amor "convictamente adulto".

Estar "pronta" para a vida "como uma moça" implica levar consigo a menina-púbere-adolescente que há dentro de si com seus (des)encantos e (des)preparos. São difíceis e delicados esses tempos sem quase nada de ritos de passagem com cunho organizador tanto nos papéis sociais quanto psicodramáticos. Há uma cena de diálogo entre dois intelectuais franceses na qual Bernard-Henri Lévy pergunta a Françoise Giroud: "Você foi uma moça feliz?" Ela retruca: "Não existe moça feliz!" Ou seja, é trabalhoso o tempo da transição feminina, sendo a vontade de ser feliz, de se sentir segura, de amar, o que nos move para a ação orientada para o futuro.

Principalmente por meio da literatura e das artes é que sonhávamos e nos desassossegávamos, vivendo fantasias e tendo ideias sobre os anseios de nossa jovem sexualidade. O erotismo vinha, frequentemente, permeado por advertências "adultas": "O que os outros vão dizer?" Ou até "O que os meninos vão pensar?" Tais sinalizações eram parte da ordem do dia.

Nas festas dessa época, as adolescentes ao ser tiradas para dançar precisavam, por princípio, resistir aos fortes avanços sexuais dos rapazes. Atitudes veladas de preconceito e censura circulavam cotidianamente na atmosfera de nosso crescimento. Os uniformes de colégio tentavam guardar e resguardar nosso corpo, se possível de ponta a ponta – das meias às boinas –, mas afortunadamente a sexualidade explodia em graça e em formas. No íntimo, todas nós sabíamos e desejávamos isso, só não partilhávamos tais desejos livremente com os adultos. Afinal, tinha um valor inestimável sermos moças bem-comportadas e finas, mostrando-nos repressivamente naturais, mantendo as aparências e seguindo as convenções. Estar ou não "adequada" repercutia, positiva ou negativamente, como prestígio nos grupos, mas principalmente entre nós, jovens mulheres, esse exercício de avaliar as outras era comum.

Casar era a principal meta. O grande destino. Perplexa, penso aqui que já em 1879 a peça *Casa de bonecas*, do dramaturgo Henrik Ibsen, iluminava a protagonista, Nora, com esta afirmação de seus direitos e de sua autoestima, independentemente de seu papel de esposa e mãe: "Das mãos de meu pai passei para as suas. Você arranjou tudo a seu gosto, gosto que eu partilhava ou fingia partilhar; não sei ao certo, mas saiba agora que tenho outros deveres tão sagrados como meus deveres para com meu marido e meus filhos: meus deveres para comigo". E nós quase nada sabíamos disso, vivencialmente.

Nos bem-aventurados anos 1960, saí da ilha onde nasci (literalmente) e deixei a casa de meus pais. Ingressei na universidade e fui morar numa cidade grande, em um pensionato com 80 jovens universitárias. Ao deixar aquela sutil redoma, o mundo se abriu, o olhar ampliou-se. Vida acadêmica, política universitária, golpe militar, intermináveis conversas nos bares, chope, cigarro, notícias, posturas, novas leituras, Simone e Sartre, Kafka, Rilke, Lou Andreas-Salomé, Freud, Jung, Fromm. Ditadura, protesto, medo, Dops, mundo social, político e cultural ampliado, prisões e fugas de pessoas próximas, MPB, música de protesto, Elis, Nara, Clara, Bethânia, muito pensar, pouca erotização explícita.

Guardado, o redentor sonho do amor romântico ficou pulsante e calado; presente, mas só, e inevitavelmente na sombra sentida, não consentida. Havia, sim, menos falado e mais desejado entre todas nós, o querer abissal pelo amor e, naturalmente, a atração pelo risco e pelo enlevo da paixão.

"Amar, no sentido pleno, é a mais ousada exigência mútua, irresistível, desde a simples ebriedade até as paixões mais complexas; por isso também se conta que, mesmo aqueles que 'não cabem em si' pouco a pouco retornam 'para si', por causa dos deveres assumidos com 'o outro' e em razão das outras exigências da vida", escrevia a transgressora Lou Salomé (1985, p. 25), linda e livre. "Somos todos mais poetas que seres humanos sensatos; aquilo que poeticamente somos, no mais profundo dos sentidos, é mais do que nos tornamos", profetizava ela. E quanto tempo dura esse "pouco a pouco" aí transcrito para se retornar ao eixo, ao centro da própria vida, com serenidade, amor e consciência? Alguém pensava nisso naquele contexto e tempo de transição? Certamente não. Que eu me lembre, entre nós, ninguém! Éramos puro querer, muito discursar, argumentar, idealizar.

Quando chegassem os 20 anos de idade, era esperado e ambicionado o casar breve, ter filhos e assumir uma profissão realizadora. Quase todas nós cumprimos o mandato social: nos apaixonamos – porque desejamos muito, casamos, geramos e criamos filhos e trabalhamos bravamente. Em algum momento dessa travessia, ou quem sabe quando, deve ter soado no pano de fundo da nossa alma feminina a canção "Une petite fille" de Claude Nougaro, que diz: "quand le vilain mari tue le prince charmant" (quando o marido malvado mata o príncipe encantado)... No tempo do abençoado agora, pouso meu olhar interno e complacente em todo esse percurso e esboço um sorriso terno, com gosto de fruta madura dos anos e amores passados passo a passo. Alívio, bem-aventurança e gosto de liberdade!

Penso que, neste fluir da vida, é importante incluir aqui também outras etapas e falar das mulheres que enfrentaram a ruptura do vínculo conjugal, seja por morte do parceiro ou por separação e divórcio. Tanto em uma situação quanto em outra, o amor é atingido, instalam-se a ausência, a falta, a mudança. Emergem dor, desamparo, ressentimento, mágoas atualizadas, saudades amargadas, vazios desconhecidos, inseguranças. Muitas vezes, privada e publicamente, surge a desorientação a respeito da própria identidade de mulher, de quem ela é sem o parceiro. Amigos se afastam, outros não dimensionam a complexidade do momento vivido e deixam de estar presentes. Eventualmente, há exclusão, afastamento por pena, discriminação dissimulada, medo e reserva diante do novo estado.

O luto, uma etapa inevitável para quem está vivo e sujeito a perdas, não tem prazo cronológico. Diante de um processo de superação, mudança e perda, há sempre a escolha de enfrentar a dor e a frustração ou de negá-las, racionalizá-las, mascará-las. Por vivência pessoal e profissional, por tantos caminhos trilhados no interno-externo dos vínculos, acredito que elaborar os términos e a impermanência a que estamos sujeitos é ter "theus" (vocábulo grego que significa "estar imbuído de Deus"). Em português, a palavra "entusiasmo" vem daí, desse estar com "theus" em nós. De estarmos agraciados pela vida, pela criação e pela liberdade, de nos reinventarmos, humanas, demasiadamente humanas, mulheres que somos.

DO AMOR E DE SUAS CONTINGÊNCIAS

O enamoramento é uma experiência afetiva pela qual a grande maioria das meninas passa precocemente. Nós, mulheres, tendemos a ser também românticas, valorizando falas e gestos confirmadores, especiais, em que somos lembradas e desejadas. Queremos ser compreendidas, às vezes até surpreendidas em nosso universo feminino. (Não é pouco, somos trabalhosas com Eros.) Quando jovens e adultas, se vivendo em estado de paixão, buscamos ardentemente a fusão com o homem eleito. Tornamo-nos suscetíveis e vulneráveis, decodificando sinais emitidos pelo amado, captando, interpretando e buscando confirmação de nossos sentimentos.

Na obra *Felicidade conjugal*, de Leon Tolstói, Maria, a protagonista, rememora sua paixão quando muito jovem, descrevendo: "Ele dava-me felicidade e elevava-me muito acima do mundo inteiro. Somente ele existia para mim, e eu o considerava como a pessoa mais bela no mundo, e justamente por isso eu não conseguia viver para mais nada, só vivia para ser aos seus olhos aquilo que ele esperava de mim".

Para manter tal enlevo é que criamos no "como se" da vida um universo paralelo, a dois palmos do chão e da realidade, o da paixão, onde flutuamos distraídas, movidas pela roda dos sentidos e sonhos, desfrutando seus encantos.

Acreditando na unicidade do amor, dos corpos e das almas harmonizadas, pensávamos e agíamos como se estivéssemos fusionadas com o amado. Temporariamente insubstituíveis um para o outro, mergulhávamos no enamoramento pueril e definitivo, como se este fosse eterno. Por vezes, isso se dava de maneira "o mais secreta possível", sem o conhecimento de outros adultos que circundavam os apaixonados. Mas, em geral, para o feminino, sempre há o anseio e a ação de partilhar, de confidenciar com alguma amiga essa aventura. Naturalmente isso é mais frequente quando há algum caráter proibitivo que subverte e\ou transforma o convencionado.

Em circunstâncias diversas, quando uma mulher se apaixona e trai o marido, carrega, além do novo acontecimento e do prazer oriundo dele, apreensões, cuidados ou conflitos, porque há um outro anterior, o cônjuge, com quem partilha a vida cotidiana de casada. Esse estado de coisas para a mulher torna-se complexo, pois em muitas situações vividas ela não desejaria atacar ou ofender seu parceiro, mas no silêncio do segredo no qual aventura sabe-se ferindo um pacto de fidelidade mútua (real ou imaginado até então). Frequentemente, inauguram-se apelos e buscas de equilíbrio, e desvelam-se insatisfações e frustrações contidas no vínculo conjugal. Aparecem protestos e vontade de fugir da conserva cultural do "feminino adequado", da rigidez dos papéis adotados. Surgem o apelo e o movimento interno "quase involuntário" pela liberdade e pelo direito de amar a quem quiser, outra vez, apaixonada oceanicamente. Conflito tão bem descrito em nossa literatura clássica, esse é mais um dos ventos e eventos de Eros, aguçando ideais, revirando e questionando o que antes era aceito, tolerado, conformado, acomodado.

Quando a mulher que ama é quem se vê traída, como no conto "A mulher desiludida" de Simone de Beauvoir, aparecem violentos protestos, ardis, dores e crises. Emergem questões profundas nas quais, em contraponto com o que antes abordei, essa mulher não está movida apenas pela paixão, mas pelo desespero, o de não ser a amada, e pelo ressentido protesto por ser trocada: "Orgulho imbecil! Todas as mulheres se acham diferentes, todas pensam que determinadas coisas não podem lhes acontecer, e todas se enganam", diz a protagonista devastada. Mais adiante, em confronto com a filha jovem que tenta consolá-la, ouve dela:

> Mamãe, após 15 anos de casamento é natural que não se ame a mulher. O contrário seria espantoso! [...] É uma questão de estatística. Quanto mais você aposta no amor conjugal, mais tem a possibilidade de ser abandonada, aos 40, com as mãos vazias. Tirou o número errado, mas não é a única. [...] Com frequência, os homens nessa idade têm vontade de começar vida nova. Imaginam que ela será nova toda a vida. [...] Você sempre teve um senso de responsabilidade muito grande. Muito idealista também. Falta-lhe defesa. É seu único defeito. (Beauvoir, 2010, p. 252)

Perplexa, por fim a protagonista recebe dessa sua jovem filha o conselho de que "o importante hoje em dia" é levar "a vida conveniente", e não dar sentido a tal "vida feliz".

No aqui e agora de nosso mundo ocidentalizado, os comportamentos femininos movidos a Eros se apresenta de formas bem mais variadas e soltas. O desejo de autonomia e liberdade que se manifesta hoje entre mulheres e homens tem sido um belo desafio no que diz respeito a encontrar pontos de flexibilidade, satisfação e responsabilidade em prol da relação amorosa. Além disso, implica um posicionamento consciente de cada um e maior desenvolvimento da inteligência emocional para a preservação de um vínculo amoroso consistente e consciente.

A mulher, que está cada vez mais ciente do quanto pode ser dona de si e de seu tempo para exercer com responsabilidade suas prioridades, ampliou seu leque de escolhas, o que vai se refletir na escolha e na qualidade das vivências amorosas. Ter namorado, parceiro fixo, escolher casar, comprometer-se com alguém para uma vida amorosa em união estável são alternativas atualmente muito plausíveis e mais bem assimiladas no âmbito das famílias de origem e das relações sociais. Mas, paradoxalmente, em qualquer que seja a escolha presente ou futura, ainda ouço a seguinte confidência de jovens lindas, cultas e profissionais, que trabalharam por longos anos em países ricos e andaram de mochila conhecendo o mundo: "De verdade, eu só quero um marido, um lar e uma família, tudo com amor". E uma pergunta insistente: "Do amor avassalador ao cúmplice amor maduro é possível manter a chama acesa e ardente?" Será que há espaço dentro e fora, entre corpos e almas, da mulher e de seu companheiro, para atualizar as variadas formas do viver erótico?

Outra inquietude moderna tem movido mulheres desacompanhadas a buscar algum pólen amoroso em homens esperados-inesperados. Frequentando lugares anônimos, sem lastro de rede de afinidades e relações aditivadas, abraçam risco e perigo como companhia invisível e, respirando ousadia, partem para a ação de experimentar parceiros com seus corpos erotizados. O que percebo, num clima pateticamente velado, mas presente, é que em muitas delas há o sentimento oculto de encontrar um amor, ou quem sabe até todas as faces mais redentoras de Eros. Quase sempre, e na impermanência de tudo, os desfechos dessas ousadias incluem uma volta desapontada para casa, com certo gosto de melancolia na boca. Solidão, desalento, sofrimento narcísico são alguns possíveis desencadeadores dessas procuras. "O *homo sexualis* não é uma condição, muito menos uma condição permanente", nos diz Zygmunt Bauman (2007, p. 75), mas "um processo, cheio de tentativas e erros, viagens exploratórias arriscadas, e descobertas ocasionais, intercaladas por numerosos tropeços, arrependimentos, oportunidades perdidas e alegria por prazeres ilusórios".

A troco de nada e a troco de tudo, mulheres que amam homens podem estar sujeitas a atos de violência por parte dos parceiros. A violência física, mais explícita, e a violência psicológica, mais sofisticada, são situações bastante difíceis, tanto pelos danos que causam quanto pelos princípios éticos feridos existentes na convivência do casal.

Em geral, as mulheres com boa instrução e nível sociocultural elevado são as que menos procuram amparo na lei quando expostas à violência doméstica. Há um aspecto bastante intrigante nisso, segundo os juristas, pois essas mesmas mulheres, alvo da violência psicológica, poucas vezes ou quase nunca chegam a tomar consciência do fato, percebendo-se como.

Críticas pequenas e contínuas denigrem a companheira, tanto em seus papéis privados (mãe, esposa, dona de casa, patroa, por exemplo) quanto social (maneira de portar-se, vestir-se, relacionar-se) e profissional. Tais críticas desencadeiam um processo que vai sendo agravado ao longo da vida em comum. Dependendo das condições da mulher, ela pode, com certa e sutil facilidade, ter dúvidas sobre seu valor, discernimento e capacidade. Passa a adotar os olhos críticos do parceiro e pousá-los sobre si própria, complementando o jogo perverso. Dá-se o pacto dos papéis complementares destrutivos.

Quando o agressor, em raros momentos, faz *mea culpa*, ousando atribuir seus atos de descontrole ou franqueza excessiva a traumas da infância, conflitos dentro da família de origem, cansaço, álcool ou pressão no trabalho, essa "mulher que ama" fica penalizada pelo discurso de pseudo-humildade, pelas desculpas pedidas, interpretando tudo como resgate de sua importância no casal. E recua, perdoa, acolhe e "esquece". Até a próxima vez... É assim que papéis complementares – o de agressor e o de vítima – perpetuam-se no jogo relacional perverso e desgastado entre um homem e uma mulher, o que chamo de "amor bandido".

Em seu livro *Guerra conjugal* (2006, p. 55), Dalton Trevisan relata ao final de um conto:

> Ao saber que estava grávida, João cuspiu-lhe na barriga, expulsou-a da cama. Sua coleção é de sete flautas, em tamanho, formato e som diferentes. Agora, de cinco meses, Maria perdeu a coragem de fugir. Apesar de católica, em vão resiste à flautinha mágica, ó pobre serpente ferida de amor aos pés do faquir.

"Ruim com ele, pior sem ele" é um dito popular repetido com naturalidade e inconsequência por muitas pessoas que buscam consolar ou consolar-se, servindo como doce suspiro de conformismo, como pomada anestésica na alma de mulheres que amam homens violentos.

Esse lado sombrio do vínculo erótico, além das inúmeras complexidades, é compartilhado tanto entre amigos quanto no próprio juizado da violência doméstica contra a mulher com atenuantes como: "É que eu gosto dele"; "Gosto muito dele, sabe? É o pai dos meus filhos. Preciso dele"; "Acho que agora vai mudar, levou um susto"; "Não, não vou adiante com o processo, temos horror a escândalo", "Foi só na hora, já passou".

Esse "amor mais que imperfeito", sem gosto de liberdade nem força de vida, é mais frequente do que nossa vã filosofia alcança enxergar. É também muito comum, conhecido e convivido, banalmente presente, este modo de amar no qual se revelam os enredos destes amores mais que imperfeitos. E, assim como as "Mulheres de Atenas", que apesar dos conflitos vivem para seus maridos (aguentam mas se queixam) há, entre nós, as que tentam representar um *script* ilusório de convivência amorosa impecável e permanente... Apesar da perplexidade de expectadores mais vividos.

Mulheres que amam homens certamente buscam uma vida na qual possam se tornar protagonistas de um mundo amável. Como no princípio de tudo – coautoras da vida em comum no fraterno, no erótico e no divino.

REFERÊNCIAS BIBLIOGRÁFICAS

BAUMAN, Z. *Vida líquida*. Rio de Janeiro: Zahar, 2005.
_____. *Amor líquido*. Rio de Janeiro: Zahar, 2007.
BEAUVOIR, S. de. "A mulher desiludida". In: *A mulher desiludida*. Rio de Janeiro: Nova Fronteira, 2010.
BUSTOS, D. M. *Manual de psicodrama*. Buenos Aires: Ricardo Vergara, 2007.
COMTE-SPONVILLE, A. *Dicionário filosófico*. São Paulo: Martins Fontes, 2003.
LOU-ANDREAS, S. *Minha vida*. São Paulo: Brasiliense, 1985.
MODESTO DUCLOS, S. *Pequeno dicionário da arte de conviver*. Florianópolis: Insular, 2004.
MONTAIGNE, M. de. *Os ensaios – I, II, III*. São Paulo: Martins Fontes, 2003.
MORENO, J. L. *Psicodrama*. Buenos Aires: Hormé, 1970.
TREVISAN, D. *Guerra conjugal*. Rio de Janeiro: Record, 2006.

4. A visão masculina do amor

Irany Baptistela Ferreira

UM HOMEM E UMA mulher, um encontro amoroso e existencial.

O INÍCIO

Desde o nascimento o ser humano desenvolve papéis. Papel pode ser conceituado como a menor unidade de conduta. Muitos papéis serão iniciados a partir do nascimento, de tal modo que formarão na vida adulta a identidade do indivíduo. O papel amoroso é um deles, tendo enorme importância na vida de homens e mulheres. Falar de vida amorosa ou de projeto amoroso é tocar no cotidiano de todos nós.

Como é construído e desenvolvido o papel amoroso masculino?

Inicia-se no nascimento, com foco na figura paterna. O pai é a primeira referência masculina para o filho. Na relação com o pai, o filho conhecerá e introjetará o primeiro exemplo de homem envolvido em uma relação amorosa.

Durante a primeira infância, o pai reina como modelo absoluto. O filho observa e introjeta todas as cenas, todos os modos, todas as ações e reações. Digo que é como se fosse um Ctrl+C, Ctrl+V, um copia e cola.

Na segunda infância tem início a vida social do filho. Ele passa a estar em grupo e faz amizades que trarão outras possibilidades de referência, pois dessa convivência participam os pais dos amigos. Pais que têm outras relações amorosas.

Mas é a partir da adolescência, quando o filho se coloca na posição de confronto, de oposição, quando acelera o seu processo de individuação, que ele abre um espaço importante para aprimorar e desenvolver seu papel amoroso.

Surgem outras referências, que vêm dos professores, dos ídolos da música, do cinema e da TV – aí incluindo os diferentes personagens que são representados – e, como vimos, dos pais dos amigos.

É preciso lembrar que no início da adolescência se constrói o "clube do Bolinha", grupo fundamental para que os meninos se apoiem uns aos outros a fim de se aproximar das meninas e conquistá-las.

Atinge-se, então, o momento em que o papel amoroso passa a ser desempenhado.

É na adolescência que surgem os primeiros contatos físicos por meio do "ficar", que promove os primeiros beijos. Depois dessa fase vêm as primeiras experiências com mais estrutura – o "estou de rolo com" –, e a partir dos 15 ou 16 anos de idade o adolescente começa a transar.

Entendo o processo como um crescer por etapas, de tal forma que as experiências amorosas vão se desenvolvendo, tornando-se mais complexas e mais ricas, para que atinjam um projeto de relacionamento em que serão propostas e contempladas três grandes estruturas.

Aproveito para concordar com Dalmiro Bustos (1990, p. 86) para explicar meu conceito de relacionamento. Ele afirma que uma relação amorosa se estabelece quando se constitui um tripé composto da seguinte forma: 1) sentimento positivo amoroso entre o casal; 2) sexualidade presente e ativa; 3) projeto de vida em comum.

Atingindo a idade adulta e entrando nos 20 anos, a pluralidade de parceiros tende a diminuir, podendo haver namoros mais longos, que são experiências/vivências fundamentais para que, entre os 25 e os 30 anos, os casamentos ou parcerias de contrato longos se instalem, formando os casais, que vão se preparar para ter filhos.

Esse caminho que descrevi é o projeto que todo homem e mulher terão um para o outro. Na medida em que as pessoas vão amadurecendo, esse projeto amoroso se torna mais e mais complexo.

Percebo que o grande teste relacional, aquele elemento que mantém o casal junto, é a decisão que ambos os envolvidos tomam, a cada dia, de ficar juntos ou de se separar.

Se as três estruturas estiverem presentes e intensamente ativas – o afeto, a sexualidade e mais a parceria –, o casal recontrata seu vínculo amoroso diariamente. Do contrário, desestabilizações ocorrerão, podendo levar a uma ruptura relacional.

Com separações, certamente haverá recasamentos, pois o ser humano exibe um movimento forte de não estar/viver sozinho.

DOIS CASOS CLÍNICOS

Vou apresentar dois casos clínicos de dois homens cuja psicodinâmica tive a oportunidade de trabalhar. Foi o caminho que encontrei para mostrar alguns dos elementos relacionais que estavam presentes, uns de forma aparente e outros mais ocultos, abaixo da superfície relacional.

Durante meus anos de prática clínica, acompanhei muitos homens que me procuraram para resolver sintomas depressivos, ansiosos, fóbicos, obsessivos. Outros faziam uso de drogas lícitas e ilícitas, de tal modo que o trabalho terapêutico se propunha inicialmente a trabalhar sintomas que, uma vez resolvidos, ofereciam a possibilidade de aprofundar o autoconhecimento. Dessa forma, o papel amoroso era visitado.

Muito aprendi com essas vivências que agora vou compartilhar. Obviamente, por motivos éticos, preservei a identidade de meus clientes.

***

O primeiro caso é o de um homem de 42 anos de idade, casado, com três filhos, tendo vivido dois namoros longos que não considera casamentos. Perdeu os pais por volta de 7 anos em um acidente de automóvel. Foi criado pelos avós. Cursou Administração de Empresas e trabalha em uma multinacional. Obteve sucesso profissional.

Ele me procurou queixando-se de tristeza profunda; chora frequentemente, tem insônia e está com sobrepeso (tem 1,90 m e pesa 105 kg). Seu cardiologista está preocupado com sua pressão arterial e, caso ele não emagreça, precisará tomar hipertensivos. Já fez uso de antidepressivos no passado e, depois de obter melhora, ficou sem medicação. Veio automedicado, usando o último remédio prescrito, mas procurou a terapia porque queria ficar sem medicação e sem depressão.

Tem um bom relacionamento com os filhos – dois meninos e uma menina – e se preocupa um pouco mais com o mais velho, pois este é como ele: calado, tímido, muito introspectivo, especialmente quanto ao desempenho escolar.

Mantive a medicação e iniciamos a psicoterapia fazendo duas sessões por semana.

Ao final de quatro meses, passei para uma sessão por semana. Ao cabo de seis meses, eu o incluí em um dos dois grupos de adultos que atendo, em psicoterapia de grupo.

Num primeiro momento, ele elaborou um sentimento de solidão e de muita falta dos pais, especialmente do pai. Sentia-se tão abandonado que se achava diferente das outras pessoas; sentia-se diminuído, como se fosse inferior e fraco. Tinha a fantasia de que morreria em um acidente de automóvel e deixaria os filhos órfãos. Também não tinha amigos, pois se sentia prestes a morrer.

Realizamos muitas sessões usando metodologia psicodramática, nas quais foram vivenciados seu abandono e sua solidão. Ele pôde expressar fortemente sua tristeza e, quando esta diminuiu, apareceu uma raiva, decorrente de ele se perguntar e se cobrar: "Por que isso aconteceu comigo?"

Houve encontros com os pais, em situação de "como se". Ele elaborou uma despedida que não havia acontecido e conseguiu expressar e trabalhar a falta de pai, de uma figura masculina.

Seu medo de morrer caminhou para um "cuidado em viver". Passou a cuidar mais do corpo, iniciou uma dieta com nutricionista e passou a fazer uma caminhada diária – que após o quarto mês de terapia virou um treino leve de corrida.

A medicação nesse momento estava muito diminuída, em fase de retirada progressiva. O cliente tomava um comprimido de fluoxetina 20 mg em dias alternados.

No momento em que começou a perder peso, trouxe como tema uma mudança em sua vida sexual, que quase não existia quando estava deprimido. Revelou que a esposa tinha lhe contado que estava pensando em se separar, porque haviam se distanciado muito, não havendo mais um cuidar amoroso por parte dele.

Depois de ter trabalhado suas questões, especialmente seu papel de filho, e depois da diminuição da tristeza e da raiva, o cliente afirmou sua confiança em si, de tal forma que o papel amoroso retomou sua importância – a tempo de ele reaver o relacionamento com sua esposa, recontratando sua relação amorosa e fazendo novos investimentos na sexualidade, no amor e na parceria.

Dessa forma, a energia que estava presa pôde se libertar e ser usada para recriar sua relação amorosa. Houve um ato espontâneo e criativo.

Ficou claro para mim que, para esse cliente, a falta de uma matriz parental, sobretudo da figura masculina primeira de referência, marcou fortemente o desenvolvimento do papel amoroso e se somou ao desenvolvimento de uma baixa autoestima, que facilitou o descuido corporal. Com o surgimento do quadro depressivo, o vínculo amoroso quase explodiu.

Vamos ao segundo caso clínico. Trata-se de um homem de 47 anos, administrador de empresas, casado, com um filho adulto jovem que mora com ele e sua companheira.

Procurou-me porque se sente muito ansioso, tem crises de choro às vezes e vem abusando de álcool com certa frequência: abre uma garrafa de vinho e toma-a inteira sozinho. Explicou-me que seu negócio ia mal e fora obrigado a fazer empréstimos bancários para cobrir suas despesas, tornando-se cada vez mais difícil fechar suas contas no fim do mês.

Sua mulher não o ajuda financeiramente porque acredita que cada um tem de administrar seu dinheiro, e ela teme que ele vá à falência e a derrube também, financeiramente falando.

Sente-se distante da esposa e leva com ela uma vida sexual pobre: transam uma vez a cada 15 dias, às vezes até uma vez a cada três semanas. Ela teve câncer de tireoide há seis meses e, embora tenha sido operada e esteja bem, com prognóstico positivo, ele se sente culpado pela doença que a esposa desenvolveu.

Após três sessões contou-me que tem uma amante fixa há um ano e meio, também casada, envolvendo-se às vezes com outras mulheres para transas únicas. Sua amante, porém, é muito possessiva e sensível e descobre quando ele mente.

A psicoterapia foi centrada nos sintomas que vinha tendo, e trabalhamos muito sua consciência de uso de bebida alcoólica.

"Se sua ansiedade, que se localiza no seu peito e tem a forma de um soco fechado, falasse o que diria?", pergunto. Ele responde: "Morra, você é um desgraçado, é culpado por tudo de ruim que acontece". "E o que você responde a essa mão fechada?", indago. "Que é verdade, que sou muito ruim, sempre fui, e sou um desastre." "Sempre foi? Desde quando?", questiono. "Desde pequeno, vou virar alcoólatra como meu pai."

Construímos uma cena em que lhe peço para trazer o pai para um diálogo. No papel de pai, ele conta: "Me tornei alcoólatra depois que comecei a trair sua mãe com outras mulheres, e sua mãe foi a única que cuidou de mim quando fui ficando doente e debilitado pelo alcoolismo".

Essa cena foi muito importante, pois o cliente percebeu que não precisava repetir a história do pai. Pôde, portanto, se livrar de um modelo negativo e sofrido de pai.

Ficou por cerca de seis meses sem beber nada, para que reaprendesse a usar o álcool socialmente, e com limite. Com a ajuda de um economista e da franquia que dirige, conseguiu recuperar seu negócio e amorosamente acabou se separando da esposa e das amantes. No momento se prepara para retomar o relacionamento com as mulheres.

Primeiro ele rompeu com a amante e buscou se reaproximar da esposa, mas não foi possível diminuir a distância relacional que havia sido criada. Havia muitas mágoas e raiva na relação e estas não puderam ser desconstruídas. A separação foi a saída encontrada.

Foi fundamental reparar a fantasia/mandato de que ele seria como seu pai, repetindo uma história. Libertar-se foi transformador.

ASPECTOS DA TEORIA PSICODRAMÁTICA

Jacob Levy Moreno, nascido em 1892 e falecido em 1974, é o criador do psicodrama. No livro *Psicoterapia de grupo e psicodrama* (1974), ele afirma que "drama é uma palavra grega e significa 'ação' (ou algo que acontece). Psicodrama pode daí ser definido como o método que penetra a verdade da alma através da ação. A catarse que ele provoca é por isso uma 'catarse de ação'" (p. 106).

Essa é uma definição clássica de psicodrama. Também podemos conceituá-lo como uma psicologia relacional. Trabalha o intrapsíquico e o interpsíquico. São, portanto, dois movimentos presentes o tempo todo, o indivíduo na sua relação consigo mesmo, com seu mundo interno, e na relação com o outro, com seu mundo externo.

Falando mais especificamente de espontaneidade e criatividade, a fim de ampliar esses conceitos, cito Jonathan Fox (2002, p. 20): trata-se da "capacidade que todos têm de ser espontâneos e criativos. A Espontaneidade foi uma palavra-chave. Nós todos temos a capacidade de agir não só prontamente, mas também adequadamente, o que implica fazer alguma coisa nova, muito mais criativa do que nunca".

Bustos (1990, p. 64) afirma que a espontaneidade "é a pedra fundamental da obra de Moreno. Nela se baseia para dar uma cosmovisão que permanece constante em toda sua obra". Ele prossegue citando Moreno: "Se o século 19 buscou o mínimo denominador comum da humanidade – o inconsciente –, o século 20 descobriu, ou redescobriu, seu máximo denominador comum: a espontaneidade e a criatividade".

E Bustos (p. 86) continua:

> O homem espontâneo é seu modelo, pré-requisito indispensável para a mudança do mundo a partir do desenvolvimento da criatividade. Não há criatividade sem espontaneidade, definida como a capacidade de dar respostas novas a situações conhecidas e respostas adequadas a situações novas. A capacidade criadora do homem é o que faz um Deus em potencial, um gênio latente.

Jonathan Fox (2002, p. 81) afirma:

> Moreno acreditava que o que caracteriza a natureza humana é uma capacidade ilimitada para a ação criativa e espontânea. Como tal, sua perspectiva é otimista. Entretanto, a espontaneidade é bloqueada pelos desequilíbrios emocionais que decorrem do próprio viver no mundo, a menos que experimentemos uma catarse ativa, que libere as "emoções e os sentimentos puros e verdadeiros".

No livro *O teatro da espontaneidade* (2012, p. 158), Moreno explica que

> a raça humana está entrando numa rotina. As pessoas precisam liberar-se de modelos aos quais a padronização as está confinando. O ser humano deve voltar à expressão espontânea se quiser romper as inibições sob as quais trabalha, devido aos métodos aceitos de educação.

Nessa mesma obra (p. 112), ele afirma que

O principal indicador de "E" [talento para a espontaneidade] é o potencial para a rápida emergência de uma ideia e a rápida transposição de uma ideia para uma ação. A rapidez na transposição, por sua importância crucial nas situações de vida, dá ao fator espontaneidade sua importância decisiva, mesmo quando todas as outras qualidades, tais como talento mímico, poético e interpessoal, estão presentes numa personalidade.

Termino por aqui. Complexas são as relações amorosas. Complexos são os seres humanos. Lidar com o visível e o oculto nas relações amorosas requer paciência e afirmação.

REFERÊNCIAS BIBLIOGRÁFICAS

BUSTOS, D. M. *Perigo... Amor à vista*. São Paulo: Aleph, 1990.
FOX, J. *O essencial de Moreno*. São Paulo: Ágora, 2002.
MORENO, J. L. *Psicoterapia de grupo e psicodrama*. São Paulo: Mestre Jou, 1974.
_____. *O teatro da espontaneidade*. São Paulo: Ágora/Daimon, 2012.

5. Homens que amam homens

Carlos Roberto Silveira

Neste capítulo, quero refletir sobre o que acontece com os homens que amam homens quando tomam consciência desse amor[1] e o que eles terão de enfrentar a partir de então.

Parecem distantes os dias em que esses homens, os *gays*[2], sem a proteção das leis, eram presos, internados em hospícios, reduzidos a um mundo marginal. Entretanto, apesar dos grandes avanços na esfera jurídica, eles ainda continuam fazendo parte de um mundo estigmatizante. As mentalidades e as posturas avançam em passos bem mais lentos que as leis. No dia a dia, esses homens continuam a conviver com o preconceito e as injúrias, quando não com ameaças e agressões físicas advindas do simples fato de serem quem são. Neste capítulo, tento pensar as marcas deixadas por essa posição desqualificada e estigmatizante na vida desses homens e nas suas relações amorosas.

Para iniciar esta reflexão, tomarei como ponto de partida uma cena do filme *Poucas cinzas – Salvador Dalí*, de Paul Morrison. O filme conta a história amorosa de Salvador Dalí e Frederico García Lorca. Começa com a chegada do jovem Dalí à Universidade de Madri, onde já se encontra Lorca. Tem início um jogo de sedução entre os dois por meio de avanços e recuos. A princípio, nenhum

---

[1]. O amor neste capítulo refere-se sempre ao amor erótico.
[2]. Escolhi a palavra *gay* por ser atualmente a mais utilizada pelos homens que amam homens para nomear a si mesmos, e também por ela designar os movimentos que buscam o reconhecimento da necessidade de afirmação e legitimidade dessas pessoas.

dos dois está consciente do que se passa entre eles, até a seguinte cena: Dalí encontra Lorca e Luiz Buñuel em uma praça e é convidado por eles para assistir a um teatro popular de fantoches. Sentados na plateia, Dalí e Lorca passam de um para o outro uma garrafa de rum que vão bebendo em grandes goles.

Em uma dessas passadas de garrafa, Lorca pega-a e, em vez de beber, fica olhando para Dalí. Encara-o de forma embriagante. Bebe, por assim dizer, o rosto de Dalí. Em seu semblante de encantamento e desejo, nos damos conta de que ele descobre seu amor pelo pintor. Sentindo-se observado, Dalí vira-se para Lorca, que rapidamente olha para a frente e bebe mais um grande gole de rum.

Na cena seguinte, Lorca, no seu quarto, ajoelhado em frente à imagem da Virgem, diz: "Mãe santíssima, perdoe-me. Eu pequei. Tive pensamentos impuros, ajude-me a reter a tentação". Levanta-se, pega seu livro e sai do quarto. Prestes a descer as escadas do prédio, vê Dalí subindo e toma o caminho contrário para não se encontrar com ele.

Lorca foge de encontrar Dalí, mas, mais precisamente, foge de si mesmo, daquilo que quer mas teme: seu amor pelo pintor. Para ele, seu sentimento é pecado, impuro, uma tentação. Esse amor e desejo por outro homem é para ele angústia, pois coloca sua identidade como homem em questão, faz dele um sujeito diferente dos outros, um ser suspeito e desqualificado.

Esse filme se passa em Madri, na década de 1920, quase 100 anos atrás. Muitas foram as mudanças e transformações sociais com relação a esse assunto, e em muito as leis avançaram, porém em essência, a meu ver, o cerne dessa experiência para os homens que amam homens é o mesmo.

Verifico tanto em meu consultório como no mundo que, ainda hoje, o amor homossexual carrega – para alguns nos primeiros tempos de sua constatação, para outros por um longo tempo ou por toda a vida – um encantamento e uma recusa. Encantamento inerente a todo amor que introduz nos seres certa doçura no viver; recusa porque esse amor os leva a se sentir perdidos, pois os faz questionar sua identidade. O indivíduo passa a sentir como se uma cunha fosse colocada entre ele e ele mesmo, acabando com a anterior sensação de unidade.

De um lado, há um eu que sempre foi tido como conhecido, que era aceito por ele e pelos outros com mais ou menos crítica. De outro, há esse novo eu sentido como outro, não simplesmente diferente, mas estranho aos seus pares. Outro que o faz pertencente a uma nova categoria de seres, que traz algo de errado, de pecaminoso, de doente em si mesmo (não só por seus atos), que o coloca num lugar de vulnerabilidade social e psicológica. Esse conflito é, na maioria das vezes, ainda mais aprofundado por ser vivido em silêncio e solidão.

O medo das recusas e das injúrias, da não aceitação os faz calar-se. A quem contar, já que podem ser rejeitados, condenados? Como serão recebidos por seus amigos, pais, irmãos, familiares, colegas, já que existe uma dimensão de si que muda a forma como se veem e como são vistos, que os faz sentir que não são mais quem sempre foram e os faz pensar: "Este eu estranho que sou eu mesmo, mas também diferente, será reconhecido ainda como o filho querido, o caro amigo, ou será rechaçado? Ser-lhe-á exigido que volte a ser o que sempre foi, que negue o que sente, que se afaste, desse amor que o transforma não em um homem, 'naquilo' que um homem não pode ser – florzinha, boneca – homossexual?"

O papel social[3] de homossexual, criado com base no preconceito, pressupõe que os homens que amam homens teriam uma dinâmica psíquica que lhes é própria. Talvez, por isso, a maioria desses indivíduos acabe tomando esse papel, ao menos no início, como gerador de identidade[4], não se reconhecendo em sua tota-

---
3. Papel social é aquele que traz determinantes sociais, o que tem características de um modelo idealizado pelo social: o pai, o marido, o médico, o juiz etc.
4. É o papel em torno do qual giram os outros papéis.

lidade, no sentido de tomar uma parte (a sexualidade) pelo todo, e adotando uma "identidade homossexual" que o define: define seu comportamento, sua forma de se ver, sua forma de se relacionar com os outros etc.

O homossexual, essa ficção pseudocientífica iniciada no século 19, que tantas dores e angústias causa a esses homens, esse personagem com uma androgenia na alma, nem homem nem mulher, o terceiro sexo – como afirmam alguns – sempre é visto como desviante da norma. É objeto de inquietações e perguntas do social e da ciência a quem a psicologia procura dar traços de personalidade, uma estrutura psíquica. Esse personagem com uma falha na masculinidade é um logro, fruto de um raciocínio capcioso, baseado em argumentos pouco sustentáveis com alguma aparência de verdade. Como diz Jurandir Freire Costa (1992, p. 89):

> [...] até prova suficiente em contrário, sugiro que não existe tal coisa como o homossexual e, consequentemente, buscar a ordem do desejo comum a todas as instâncias teóricas ou empíricas deste conceito é uma falácia. Do mesmo modo, sustento que, mesmo a versão mitigada da afirmação, qual seja, a de que homossexualismo é sempre a expressão de alguma neurose – no sentido da clínica psiquiátrica – ou de alguma perversão – no sentido da clínica psicanalítica –, e não traço de uma estrutura particular, mesmo esta versão, parece-me inaceitável.

No mesmo texto, o autor afirma:

> Àquilo que é chamado por alguns autores de traço de personalidade ou de estrutura psíquica da homossexualidade, chamo de resposta psíquica ou estratégia defensiva posta em marcha pelos sujeitos diante das injunções morais desqualificantes produzidas pelo preconceito. (*Ibidem*)

É esse preconceito e o logro que daí resulta que estão sempre a assombrar os homens que amam homens. Embora seja um fantasma no sentido de não ser real, suas consequências são bem concretas no dia a dia desses indivíduos.

Jonathan Ned Katz, autor de *A invenção da heterossexualidade* (1996, p.15), afirma:

> Quinze anos antes, com o grande e novo horror, eu aplicara conscientemente pela primeira vez a palavra *homossexual* aos meus sentimentos pelos homens – na manhã seguinte que dormi pela primeira vez com um. Ele era um amigo da escola secundária, estávamos juntos em junho de 1956 e eu era um garoto sensível e ansioso de 18 anos. Mesmo agora, depois de tantos anos, ainda lembro-me do pavor que a palavra *homossexual* provocou em mim naquela manhã dos conformistas anos 50.

Vejamos o relato do escritor Adrew Sullivan (1996, p. 17) depois de suas primeiras relações com homens:

> [...] claro que junto com tudo isso vinha também uma sensação deliciosa e inextricável de arrebatamento e repulsa. Era como entrar num avião pela primeira vez, ficar eufórico com a decolagem, olhar maravilhado pela janela, ver as nuvens flutuarem lá embaixo, e perceber de repente que você está no voo errado, indo para um destino apavorante, rodeado por pessoas que interiormente deixam você horrorizado. E não há como sair. Você se assusta, é invadido pelo pânico. Você é um deles.

São incontáveis os depoimentos sobre as consequências dessa ficção na vida desses homens. Talvez até em função disso, de seu caráter não real, seja mais cruel, pois, como diz o ensaísta Frances Montherlan, "porque são os fantasmas que são cruéis, com as realidades sempre podemos nos arranjar".

O preconceito em torno da homossexualidade permeia toda a tessitura de normas, regras, saberes e crenças que formam a matriz social dentro da qual se desenvolvem os vínculos. E, como nos construímos com base nos vínculos, esse preconceito sempre deixa fortes marcas na subjetividade dos homens que amam outros homens. A maneira como eles se olharão e se relacionarão com o mundo e com os outros está, de uma forma ou de outra, sempre ligada a como eles lidarão com esse preconceito, ao que farão com esse "novo eu" que invariavelmente surge como um outro, esse personagem fantasma que traz sentimentos de "estar à parte", "de não ser como os outros".

Essa matriz social hostil tem raízes mais profundas na influência da religião cristã, pelo menos no assim chamado "mundo judaico-cristão". O cristianismo tem uma visão bastante condenatória do amor erótico em geral, e do amor homoerótico em especial – ao contrário dos pagãos, que aceitavam o sexo para a procriação e para o prazer. Já o cristianismo, por conta da dicotomia que cria entre carne e espírito, acentuando a mortificação da carne como uma virtude, vem condenar e excluir o sexo pelo prazer. No cristianismo, as únicas relações amoroso-sexuais aceitas são as destinadas à procriação, no contexto de uma relação monogâmica e única para toda a vida.

Assim, o amor dos homens que amam homens, por ser um paradigma dos amores eróticos por prazer, é visto como uma abominação aos olhos de Deus, o "pecado nefando". Com o tempo, essa visão condenatória do amor dos homens por outros homens passou a ser assimilada e "naturalizada" pelo mundo ocidental, criando uma matriz social de não aceitação, de condenação e de interdito a esses amores. Dessa forma, os homossexuais passaram a ser considerados pecadores, seres contra a natureza, que trazem em si algo de impuro, de defeituoso e errado, sujeitos, assim, ao mundo da discriminação, da ridicularização e da injúria, legitimado pela cultura e, muitas vezes, pelo Estado.

A descoberta do amor entre homens, traz sempre certa confusão com relação a si mesmos, ao contrário do que ocorre com os homens que amam mulheres e vice-versa – os quais, diante da descoberta do amor, podem também experimentar reações desagradáveis, como medo da recusa e do ridículo, assim como o questionamento de valores sociais, crenças etc. Os homens que amam homens questionam não algo de si ou sobre si, mas, antes de tudo, a si mesmos.

Lembro-me de pais e mães me dizendo no consultório não ser isso o que desejavam para os filhos, mas terem de aceitar. É sempre uma conformação triste, sempre um "por que isso foi acontecer?", sempre a busca da culpa, um medo do que "meu filho vai passar por ser *gay*", "do que ele terá de ouvir". E esse medo não é infundado, pois eles sabem muito bem que esses indivíduos estão sujeitos ao mundo das ofensas.

"Mariquinha", "efeminado", "bicha", "veado" não são palavras lançadas ao vento, são termos que vão marcar profundamente a subjetividade desses homens, pois a injúria

> [...] não é apenas uma fala que descreve. Ela não se contenta em me anunciar o que sou. Se alguém me xinga de "veado nojento" ("negro nojento" ou "judeu nojento") ou até, simplesmente de "veado" ("negro" ou "judeu"), ele não procura me comunicar uma informação sobre mim mesmo. Aquele que lança a injúria me faz saber que tem domínio sobre mim, que estou em poder dele. E esse poder é primeiramente o de me ferir. De marcar minha consciência com essa ferida ao inscrever a vergonha no mais fundo da minha mente. Essa consciência ferida, envergonhada de si mesma, torna-se um elemento constitutivo da minha personalidade. (Didier, 2008, p. 28)

A injúria diz que eles são aquilo que não deveriam ser e, portanto, indignos de respeito. Ela se configura como agressões por atos verbais que marcam a ferro e fogo a consciência desses homens, que intermedeiam suas relações com o mundo, com os outros e consigo mesmos.

João, de 31 anos, sentia que não poderia ser amado nem desejado por outro homem. Achava que, embora amasse e desejasse outros homens, ele mesmo nunca seria verdadeira e genuinamente retribuído nesse amor. João descobrira sua homossexualidade na adolescência e desde então a sensação de rejeição o acompanhava. Em uma sessão, montamos a cena em que ele percebe que deseja para suas relações amores masculinos. A cena se dá na escola. Havia duas quadras: uma em que ele tinha aulas de educação física e a outra na qual concomitantemente outra aula igual acontecia. Lá estava um rapaz loiro para quem ele sempre olhava. Na cena, ele está sentado em uma quadra observando enamoradamente o rapaz na outra. Pergunto se ele não quer ir falar com o rapaz, se apresentar, puxar conversa. Ele diz que não, que tem medo, um grande medo. Peço que ele seja o medo e diga a ele (João) porque ele, o medo, está ali. Ele, como o medo, diz que se ele (João) for todos vão rir dele, debochar dele, desprezá-lo; que aquilo (o desejo pelo outro rapaz) é proibido, é coisa de bicha, não de homem; que ele tem de sufocar isso; que ele precisa esconder dos outros e negar a si mesmo, do contrário nunca será amado. O medo diz que está ali para proteger João dele mesmo. Então peço que ele troque de papel, que deixe de ser o medo e volte a ser ele mesmo. Pergunto se ele tem algo a dizer ao medo. Ele responde, tremendo, que não. Indago, então, o que ele sentiu ouvindo o medo. Ele diz que foi se dando conta de quanto o seu amor é impossível, perigoso, que tem vergonha e temor por ser assim, por sentir essa estranha atração.

Essa cena, mostra como esse outro, esse personagem fantasma, esse ser pervertido e feio, vai sendo criado por ele por meio do medo das injúrias, claramente nutrido pelo preconceito. E muitas sessões se passaram até que essa experiência pudesse ser rematrizada. Esse personagem fantasma, esse outro condenável em si mesmo, que está quase sempre a assombrar os amores dos homens por outros homens, não é outro senão ele mesmo, visto sob o olhar de outro.

Questionar esse olhar do outro sobre si é capital para esses homens, uma vez que ele é quase sempre desqualificante. Precisam "arrancar desse olhar seu poder constituinte", como nos diz Sartre, para poder se constituir a partir de si, de forma mais livre e espontânea. Quando esses homens descobrem seu desejo, questionam ser aquele que os outros dizem que eles são ou recriam a si próprios por meio da rematrização desse olhar. "Já que não sou quem eu era (a cunha colocada entre ele e ele mesmo pela discriminação social), serei quem me dizem que sou ou quem quero ser." Eis a questão. E essa é sempre uma questão perpassada por dores e angústias. Esse é o drama, pelo menos no princípio, de todo *gay*: é preciso escapar do personagem fantasma ou se ver reduzido a ele.

Para a grande maioria desses homens, o compartilhar com outros a mesma situação é o primeiro passo para auxiliá-los na resolução desse drama. Entre iguais, eles perdem o receio de ser rechaçados. Por meio do compartilhar, entram em contato com dramas parecidos, sensações semelhantes. A formação do grupo de iguais é de grande importância para os *gays*. Ela traz a sensação, muitas vezes pela primeira vez na vida, de pertencimento, de ter um lugar. Com a simetria criada entre os membros do grupo, o indivíduo passa a não aceitar tão passivamente o lugar de dissimetria que lhe é atribuído pela sociedade; consegue se ver como uma pessoa não defeituosa, que seu amor não é sujo e em nada difere do amor de homens por mulheres ou vice-versa. Esse grupo passa a ser como uma segunda família. E é nessa família escolhida que muitas vezes eles fazem a transição do silêncio para o revelar-se, o dar-se a conhecer.

O olhar confirmador dos membros dessa nova família os ajuda a rematrizar sua visão sobre si e sobre o amor que sentem por homens. Olhar o seu amor como legítimo lhes dá forças para que eles o ressignifiquem para si e tenham menos medo de falar sobre isso para os outros. Isso, aos poucos, faz que eles deixem de levar vidas duplas, a que mostram e a que têm de esconder.

Por meio dos olhares confirmadores dessa família escolhida, eles começam a descobrir que não precisam viver em uma espécie de inferno silencioso, cheio de assombrações e medo, que podem e têm a capacidade de amar como todos os outros, que seu amor é legítimo como qualquer outro, que as dificuldades que surgem do seu ato de amar não resultam de serem homens que amam homens, mas são inerentes a toda relação amorosa.

Com isso não quero dizer que as relações gays não tenham problemas que lhes sejam próprios, mas estes resultam do preconceito e da falta de modelo para essas relações, pois o modelo para as relações amorosas, ao menos no mundo ocidental, ainda é o da conjugalidade homem-mulher, sendo o sexo desses que determina mais ou menos os papéis que cabem a cada um na relação. As relações *gays*, por motivos óbvios, não encontram um modelo, pelo menos em primeira instância, com o qual possam se identificar. Isso aparece até mesmo na linguagem. Por exemplo, não há palavras que designem claramente os membros de uma relação amorosa para os homens que amam homens, como para os que existem para os membros de uma relação homem-mulher, tais como: namorado/a, noivo/a, marido/mulher, esposo/a. Essa falta de modelo deixa essas relações sem ter onde se espelhar, sem certo fio condutor que indique o que fazer com determinados problemas inerentes a toda relação amorosa. O indivíduo precisa partir de um modelo contrário e transformá-lo, ressignificá-lo, o que é sempre difícil. Essa dificuldade traz para as relações *gays* problemas e impasses que, muitas vezes, se tornam insolúveis e levam a separações. Porém, é preciso deixar claro, mais uma vez, que esses problemas são inerentes a essas relações e não há "esse tipo de amor" – há amor, que é igual a qualquer amor.

REFERÊNCIAS BIBLIOGRÁFICAS

Borges, K. *Terapia afirmativa – Uma introdução à psicologia e à psicoterapia dirigida a gays, lésbicas e bissexuais*. São Paulo: GLS, 2009.

_____. *Muito além do arco-íris – Amor, sexo e relacionamentos na terapia homoafetiva*. São Paulo: GLS, 2013.

BORRILLO, D. *Homofobia: história e crítica de um preconceito*. Belo Horizonte: Autêntica, 2010.
BUSTOS, D. M. *Perigo... Amor à vista*. São Paulo: Aleph, 1990.
DIDIER, E. *Reflexões sobre a questão gay*. Rio de Janeiro: Companhia de Freud, 2008.
COSTA, J. F.. *A inocência e o vício: estudos sobre o homoerotismo*. Rio de Janeiro: Relume-Dumará, 1992.
KATZ, J. N. *A invenção da heterossexualidade*. Rio de Janeiro: Ediouro, 1996.
MORENO, J. L. *Psicodrama*. São Paulo: Cultrix, 1978.
SULLIVAN, A. *Praticamente normal: uma discussão sobre o homossexualismo*. São Paulo: Companhia das Letras, 1996.

6. Mulheres que amam mulheres

Maria do Carmo Mendes Rosa

HÁ ALGUM TEMPO, NUMA primeira instância, falar sobre esse tema levaria à associação com o amor maternal ou fraternal, mas poderia também despertar algum tipo de inquietação. Mulheres? Como assim? Tema típico para ser analisado em debates nos círculos profissionais, por ser considerado, por alguns, um comportamento patológico ou assunto para comentários pejorativos em rodas de anedotas. A imagem estereotipada do amor homoafetivo como algo patológico vem se transformando através dos tempos. É sabido que a patologia existe em vários tipos de vínculos, tanto no relacionamento homoafetivo como no heteroafetivo. Não me deterei nesses aspectos, uma vez que já existe uma vasta bibliografia a respeito dessa temática.

Minha proposta neste capítulo é abordar a visão do vínculo saudável do papel afetivo-sexual da mulher de orientação homoafetiva, bem como refletir sobre as múltiplas formas de amar. Todas dignas, todas justas. Viso, assim, fortalecer emocionalmente a mulher que venha a se interessar por outra mulher, ajudando-a a ter coragem de vivenciar sua orientação sexual homoafetiva sem se sentir alijada da sociedade. Mulheres que lutam e constroem a vida afetiva tendo por companheiras outras mulheres. Mulheres que investem no próprio desejo e enfrentam a discriminação e o preconceito que ainda cercam os que assumem socialmente sua homoafetividade. Mulheres que sabem que ao se expor correm o risco de ser discriminadas no meio social, na família, no ambiente de trabalho e, ainda assim, se lançam nesta jornada, pois acreditam que vale a pena lutar por seus direitos legais, vale a pena expressar e vivenciar seus desejos homoafetivos.

Ser minoria é uma questão estatística. Mais que números, criar e viver a própria história é o que faz a vida valer a pena.

GRÉCIA ANTIGA

Falar sobre o amor nos leva a mais uma incursão na mitologia grega, origem de muitas histórias. Uma delas refere-se ao uso do termo "lesbianismo" ou "safismo" para o relacionamento sexual entre mulheres. Lesbos era uma ilha na Grécia onde existia um importante centro cultural. Lá vivia, em 612 a.C., a poetisa Safo. Ela era conhecida por seus poemas eróticos e picantes. Foi considerada a sacerdotisa do amor homossexual feminino por dedicar grande parte de seus poemas ao amor entre mulheres.

Conta a lenda que Eros, o deus do amor, também conhecido como Cupido, era filho dos deuses Afrodite e Ares. Eros era um jovem alado, com traços de menino. Alegre e brincalhão, carregava sempre consigo um arco e flecha. Quem fosse flechado por ele estava fadado ao amor.

Caminhando um pouco mais pela mitologia grega, deparamos com o belíssimo mito narrado em *O banquete*, de Platão. Acredito que essa significativa contribuição histórica justifica o dito popular de que "todos vivem em busca de encontrar sua cara-metade" ou, no jargão, "encontrar a metade da laranja". Apresentarei a seguir um breve resumo do discurso sobre o amor proferido por Aristófanes retratado em *O banquete*. Aristófanes narra aos companheiros que, no princípio do mundo, o gênero humano era perfeito, esférico, inteligente e forte. Tinha dois rostos, quatro mãos, quatro pernas e dois sexos. Era capaz de, numa corrida, rolar como uma roda e podia se locomover em círculos. Além disso, era ainda constituído por três gêneros distintos: masculino/masculino, feminino/feminino e masculino/feminino ou andrógeno (características femininas e masculinas em um único ser). Mas também tinha como característica marcante a presunção. Julgando-se superior e capaz de qualquer conquista, tramava investir contra os deuses para obter poder. Sabendo disso, Zeus, o deus dos deuses, impôs um castigo que os tornaria mais fracos e dependentes – por conseguinte, deveriam aprender a lição. Determinou então que, a partir daquela data, o gênero humano seria cindido em duas partes e cada qual buscaria sua outra metade. Dessa forma, dos cortes femininos, estabeleceu que cada qual procurasse seu par feminino. O mesmo ocorreu com o corte masculino, cada parte deveria buscar sua metade masculina. Nasce aqui o amor homossexual. Já com os andrógenos, a cada parte coube buscar seu complementar – ou seja, a parte masculina buscaria sua metade feminina e a parte feminina, sua metade masculina. Compreende-se aqui o amor heterossexual. E, em busca de encontrar novamente o amor, cada parte do gênero humano procura ardentemente pela metade cindida de si.

DOS VELHOS AOS NOVOS TEMPOS

Apesar de não ter validade legal, o casamento na Grécia Antiga cumpria uma função social. Visava exclusivamente a interesses econômicos. Não existia relação entre casamento e amor. Era a forma adotada pelos homens para garantir a legitimidade dos filhos como únicos herdeiros, além de sua manutenção no poder. Ao se casar, as mulheres adotavam novos papéis predeterminados para sua condição de mulher, ou seja, o de ter filhos, cuidar deles, da casa e do marido. As questões e certamente as inquietações femininas não podiam ser manifestadas, não tinham visibilidade, uma vez que as mulheres eram subjugadas pelos homens. Isso, todavia, não significava que as inquietações não existissem.

Ao homem era permitido manter todos os seus direitos e papéis sociais, inclusive ter encontros com prostitutas e concubinas.

Felizmente, ao longo da história, os tempos mudaram para melhor e na maioria dos países. O casamento já não tem apenas a função social, visa também à constituição da família; a mulher passa a ter direito de fazer escolhas, desempenhando seus papéis sociais tanto quanto os homens. A responsabilidade com os filhos, quando deseja tê-los, é predominantemente dela, e o homem já assume algumas tarefas domésticas. A união afetiva de pessoas do mesmo sexo vem sendo mais reconhecida socialmente. Todavia, a aceitação é mais natural quando se trata do casal de sexo feminino. O preconceito com o casal masculino é mais acentuado.

OS PASSOS DO NOVO TEMPO

No Brasil, foi dado um grande passo em direção aos direitos legais das pessoas com orientação sexual homoafetiva. O Projeto de Lei n. 1151/1995, de autoria da então senadora Marta Suplicy, tramitou por muitos anos no Senado Federal em defesa do direito ao contrato de união civil para pessoas do mesmo sexo. Só em maio de 2011 o Supremo Tribunal Federal (STF) reconheceu por unanimidade a união estável entre casais do mesmo sexo. Dessa forma, a eles foi legado o direito de fazer uma escritura pública de união estável, visando assim à proteção e à garantia legal de sua união. A declaração do STF destaca que os casais homoafetivos têm os mesmos direitos aos benefícios legais de uma união civil, sendo reconhecidos como uma entidade familiar. As leis são as mesmas à aplicada à união estável de casais heterossexuais. A Constituição prega no artigo II da Declaração Universal dos Direitos Humanos que

> toda pessoa tem capacidade para gozar os direitos e as liberdades estabelecidos nesta declaração, sem distinção de qualquer espécie, seja de raça, cor, sexo, língua, religião, opinião política ou de outra natureza, origem nacional ou social, riqueza, nascimento, ou qualquer outra condição.

No artigo VII da mesma declaração encontramos:

> Todos são iguais perante a lei e têm direito, sem qualquer distinção, a igual proteção da lei. Todos têm direito a igual proteção contra qualquer discriminação que viole a presente declaração e contra qualquer incitamento a tal discriminação.

A Associação Brasileira de Lésbicas, Gays, Bissexuais, Travestis e Transexuais (ABLGBT) tem papel preponderante na luta pelos direitos civis dessas pessoas. Grupos como esse fortalecem o enfrentamento das discriminações sem tanto sofrimento. Por missão, buscam promover ações que garantam a cidadania e os direitos humanos das pessoas com orientação sexual homoafetiva, contribuindo para a construção de uma sociedade mais democrática, na qual nenhum indivíduo seja submetido a quaisquer formas de discriminação, coerção e violência em razão de sua orientação sexual e identidade de gênero.

O modo como as leis estão sendo analisadas para a inclusão dos direitos legais dos que até então eram os "excluídos" é prova dessa conquista. Caminhamos para um mundo melhor, mais justo, onde a cidadania possa ser realmente um direito de todos. Prova disso é constatar que a orientação sexual homossexual foi removida da lista de doenças mentais nos Estados Unidos, em 1973. Fazendo história, a Organização Mundial da Saúde (OMS) excluiu, em 17 de maio de 1990, a homossexualidade da Classificação Internacional de Doenças (CID). A partir dessa data passou-se a comemorar o dia 17 de maio como o Dia Internacional contra a Homofobia.

No censo do Instituto Brasileiro de Geografia e Estatística (IBGE) de 2010, mais de 60 mil famílias se declararam homoafetivas. Sabemos que o número é bem maior. Muitas pessoas ainda não se sentem encorajadas a se identificar, mesmo que para o censo, por medo de retaliações. Espera-se que, com as atuais conquistas, no próximo censo a estatística seja outra, com mais pessoas se sentindo encorajadas a exercer seus direitos civis.

Em maio de 2013, o Conselho Nacional de Justiça (CNJ) editou a Resolução n. 175, autorizando o casamento civil entre pessoas do mesmo sexo. Com essa aprovação fica legitimada a igualdade de direitos civis para todas as pessoas, respeitando constitucionalmente a diversidade sexual. Os casais que tinham optado pela união estável agora podem requerer sua conversão para casamento. Já os casais que não tinham a situação regularizada passam a ter direito a requerer a habilitação direta para casamento.

Infelizmente, alguns juízes parecem não compreender isso. Comportando-se homofobicamente, buscam brechas na lei, seja qual for a instância, para impedir a união homoafetiva. Desrespeitam dessa forma o próprio Supremo Tribunal Federal e o Supremo Tribunal de Justiça (STJ). Apesar de haver leis, essas determinações não são cumpridas pelos próprios magistrados.

ORIENTAÇÃO SEXUAL

O despertar da orientação sexual acontece na adolescência. Uma "onda" de hormônios explode por todos os lados, meninos e meninas percebem e sentem o corpo se modificando. O desejo sexual fica evidenciado. A direção do impulso sexual (quem eu desejo) marca essa fase e o desejo sexual homo ou heteroafetivo se estabelece. Muitos iniciam as primeiras experiências sexuais nessa etapa da vida. Alguns adolescentes experimentam relações com colegas do mesmo sexo sem que isso fique caracterizado como orientação sexual homoafetiva. É um período de descobertas do próprio corpo e de seus desejos. Sexo é visto e vivido sem necessariamente estar relacionado a amor. Aparecem também os conflitos quanto à própria sexualidade.

Numa visão macro, apesar de haver muito preconceito e em algumas culturas não se admitir a expressão de orientação sexual que não seja a heterossexual, as expressões homo e bissexual vêm sendo aceitas na maioria das sociedades. Já numa visão micro, infelizmente, na maioria das vezes, é na família que surgem as primeiras discriminações e rejeições ao se tornar visível a conduta ou o comportamento homoafetivo de um de seus entes. Os pais são uns dos primeiros a rejeitar essa realidade. Ainda se ouvem barbaridades como "Prefiro um filho ladrão a veado" e "Se é sapatão é porque foi mal comida". Há uma longa jornada a ser trilhada, com um custo emocional imenso para todos os envolvidos.

A visão de que essas relações são promíscuas, principalmente entre os homens, prepondera. A homossexualidade feminina é mais tolerável que a masculina em função de socialmente as mulheres manifestarem mais abertamente sua afetividade. É comum amigas andarem de mãos dadas, abraçadas, e se beijarem em contexto social. É como se a relação homoafetiva estivesse "disfarçada" por essa capa, sendo isso evidentemente mais uma forma de negação.

Por outro lado, muitas famílias aceitam que têm filhos e/ou parentes homoafetivos. O que mais importa para essas famílias é que eles sejam felizes e se realizem em suas escolhas afetivas. Independentemente da expressão sexual, somos seres biopsicossociais e várias são as motivações que nos levam a amar e a fazer sexo. É da natureza humana amar, e isso implica criar vínculos afetivos. Citando Nery (2003, p. 170),

> no vínculo amoroso, portanto, nos complementamos e nos refazemos em nossas histórias. Vivemos mais diretamente a árdua tarefa que culturalmente nos ensinaram, ou a que nos submetemos, a todo custo: precisamos ser amados "sempre" ou por "todos".

Como seres complexos, temos desejos e precisamos de sexo e amor. E não necessariamente sexo e amor têm de andar juntos. Saindo de uma visão moralista, podemos categorizar o sexo pelo prazer do sexo, o amor sem sexo, o sexo com amor e o feito para a procriação, com ou sem amor. É a aceitação de que também existe amor entre casais do mesmo sexo, de que também existem casais do mesmo sexo fazendo sexo apenas pelo prazer sem que haja amor.

DESENVOLVIMENTO DE PAPÉIS E INFLUÊNCIA CULTURAL

Mesmo antes do nascimento, o ser humano já está inserto numa cultura. Cultura essa constituída de valores, ideologias, regras, normas, sendo nesse contexto que se dará sua socialização. Assim também ocorrerá com os papéis que desempenhará ao longo da vida. Os papéis surgem antes mesmo do desenvolvimento do próprio eu. J. L. Moreno (1974a, p. 25) enfatiza que "os papéis não emergem do eu; é o eu quem, todavia, emerge dos papéis". Ao desenvolver sua teoria psicodramática de papéis, Moreno criou um modelo sistemático para estudá-los e compreendê-los. Sua teoria se explica em três dimensões "[...] papéis sociais, expressando a dimensão social; papéis psicossomáticos, que expressam a dimensão fisiológica; e papéis psicodramáticos, que constituem a expressão da dimensão psicológica do eu" (ibidem, p. 28).

Moreno afirma ainda que a identidade do ser humano se constitui na junção de três "eus" parciais. Defende a ideia de que, a partir do nascimento, os papéis vão se desenvolvendo ao mesmo tempo e, conforme vão se estruturando, simultaneamente acontecerá a união desses "eus" parciais num "eu" total e integral. Por fim, o autor estabelece categorias associadas aos distintos momentos das fases de aprendizagem dos papéis. Complementa definindo que:

> Todo papel é fusão de elementos privados e coletivos. Composto de duas partes – os denominadores coletivos e os diferenciais individuais –, é importante fazer uma diferenciação entre assumir um papel ("role-taking"), que significa representar um papel completo, totalmente estabelecido, de modo que não permite ao indivíduo nenhuma variação, nenhum grau de liberdade; "jogar o papel" ("role-playing"), que permite ao indivíduo algum grau de liberdade; e "criar o papel" ("role-creating"), que permite um alto grau de liberdade, como acontece, por exemplo, com o ator espontâneo. (Moreno, 2008, p. 95)

Entendendo na prática: durante a gestação, ao ser identificado o sexo do bebê, a ele será atribuído seu primeiro papel, ou seja, o papel de gênero determinado pelo biológico: masculino ou feminino. Sabendo-se o sexo do bebê, ele receberá um nome e passará a ser chamado, ainda na barriga da mãe, por esse nome. É o primeiro marco da identidade de gênero. Com o nascimento, a conduta dessa criança será determinada por normas conferidas a esse papel, que dita o que é "coisa de menino" e "coisa de menina", segundo a cultura onde estiver inserta. O meio sociocultural e os valores familiares com os quais ela for criada influenciarão diretamente seu comportamento e a formação de sua personalidade, visto que esses valores e modelos estão internalizados. Cabe ressaltar que a qualidade afetiva dessa relação influenciará diretamente a estruturação de sua autoimagem e, consequentemente, de sua autoestima.

No caso da mulher que tenha uma orientação sexual homoafetiva, ela repetirá (*role-taking*) o comportamento tal qual aprendeu com o modelo familiar que tem internalizado. Socialmente, agirá de acordo com esse modelo. Se ele for carregado pela conserva cultural, serão estabelecidas normas e regras que ditam que a única forma saudável de relacionamento é a heteroafetiva, ou seja: que se case e se relacione com apenas um homem, que tenha um comportamento sexual recatado, eduque os filhos, trabalhe, mas deixe a família em primeiro lugar. Essa situação criará conflitos existenciais entre a realização de seus desejos e o que é esperado socialmente dela.

No processo de aprendizagem do papel homoafetivo, um jeito de solucionar esses conflitos é, por meio da psicoterapia psicodramática, experimentar *novas formas* de desempenho de papéis (*role-playing*), dramatizar e treinar experimentando novas maneiras de lidar com as situações da vida em que esse conflito apareça, situações em que tenha sido discriminada ou tema ser. Com essas vivências, ela desenvolverá e assumirá seu novo papel aprendendo a dar respostas novas e adequadas a essas situações.

No caso da orientação sexual homoafetiva, a vivência de um relacionamento com outra mulher é um novo papel que ainda está em construção. Será necessária a vivência de distintas situações em que o conflito apareça até que um novo comportamento esteja incorporado. Com essa conquista, a mulher terá um instrumental maior para lidar com as situações que se apresentem relacionadas à sua orientação sexual e venham a lhe expor socialmente. Quando conseguir ter respostas espontâneas e criativas nas situações em que seja discriminada, não mais se afetando por isso, poderemos considerar que está conseguindo viver a experiência do *role-creating* e terá mais condições emocionais de lidar com o outro. Essas mulheres, com certeza, poderão experimentar maneiras novas e criativas para o papel de namorada/companheira/esposa de outra mulher.

Moreno estava iluminado quando, ao criar a teoria de papéis, estruturou tão bem como se da a aprendizagem de papéis por meio da vivência do *role-taking*, do *role-playing* e do *role-creating*. Talvez, em sua utopia, ele buscasse uma saúde social e coletiva que pretendesse que as pessoas desempenhassem seus papéis de modo criativo e espontâneo vivendo a plenitude da fase do *role-creating*. Assumir sua homoafetividade é um exemplo disso. É a quebra da conserva cultural cristalizada de um modelo no qual se aceitava apenas a relação heterossexual.

LIDANDO COM O PRECONCEITO: ESPONTANEIDADE E RESILIÊNCIA

A visão distorcida da homossexualidade passa também pelo canal da educação – que, infelizmente, na maioria das vezes, começa na própria casa. Ao transmitirem à criança a ideia preconceituosa de que o relacionamento com pessoas do mesmo sexo é algo errado, sujo e vergonhoso, ela internalizará essa aprendizagem. Caso não mude de visão com o decorrer dos anos, continuará a repetir esse modelo de comportamento e transmitirá esses valores como verdade para seus filhos e familiares. Cabe frisar que algumas pessoas que não conseguem manifestar o desejo sexual homoerótico por se sentirem erradas e inadequadas, ou aquelas em que o desejo existe de forma inconsciente podem se tornar pessoas homofóbicas. Ao dizer que "o sentimento exacerbado, que bloqueia a manifestação da espontaneidade-criatividade, nos sinaliza a história de vínculos conflitivos que compõem o papel complementar interno patológico do cliente", Nery (2003, p. 74) nos alerta a ter especial atenção ao recebermos clientes com sentimento de inadequação ao papel sexual desejado da homoafetividade.

Em sua teoria da espontaneidade-criatividade, Moreno fundamenta a importância de todo ser humano desenvolver sua espontaneidade para lidar melhor com as mais diversas situações da vida. Para o autor (1974a, p. 58), espontaneidade "é a resposta adequada a uma nova situação ou a nova resposta a uma situação antiga". No que se refere a esse tipo de discriminação, o treinamento da espontaneidade dará à mulher de orientação sexual homoafetiva um rico instrumental para enfrentar adequadamente essas situações no momento em que elas ocorrerem. A psicoterapia psicodramática é um bom lugar para isso.

É sabido que inúmeras mulheres são discriminadas e desrespeitadas em virtude de sua orientação sexual ser a homoafetiva. Muitas vezes a vida delas é exposta e vasculhada, em alguns casos com sérias consequências no ambiente de trabalho. É comum também que tenham sequelas emocionais nos relacionamentos familiares e sociais. A atitude por parte de quem as discrimina pode afetá-las de forma drástica, levando a problemas emocionais. Um modo de superar essa triste realidade é se tornar uma pessoa resiliente. O termo é originário da física, sendo definido pelo *Novo dicionário Aurélio século XXI* como "propriedade pela qual a energia armazenada em um corpo deformado é devolvida quando cessa a tensão causadora da deformação elástica" (Ferreira, 1999, p. 1751). Adaptando esse mesmo termo para a psicologia, entendo-o como a capacidade nata que todo ser humano tem de lidar com problemas, com grandes pressões, com constante estresse, enfrentando-os e superando-os. É aprender a transitar no campo tenso (rejeição, discriminação etc.) e retornar ao campo relaxado após a vivência de situações adversas. Por exemplo, será muito importante que essas mulheres consigam desenvolver um estado de resiliência para manter-se centradas e equilibradas, interagindo adequadamente diante da rejeição sofrida em decorrência de sua orientação sexual.

Ser resiliente – e também desenvolver a espontaneidade – é manter a autoestima saudável. Por meio do processo de autoconhecimento, conscientização e autovalorização, a mulher terá mais contato com seus sentimentos e emoções, não se deixando influenciar facilmente por adversidades e pressões externas.

MÍDIA: PRÓS E CONTRAS

A mídia vem dando visibilidade ao que antes estava no terreno do "invisível": as relações homoafetivas. Fischer (2004) pontua que, com a solidificação da internet no Brasil, constatou-se o crescimento da "cultura *gay*", o rápido crescimento de comunidades virtuais e blogues *gays*. Ao longo do tempo, essas iniciativas levaram as grandes empresas brasileiras a patrocinar eventos culturais na área, como os festivais de música, cinema e artes em geral.

A facilidade de acesso à internet (salas de bate-papo, redes sociais), bem como a bares e boates, também permitiu que pessoas do mesmo sexo namorem livremente, de forma virtual ou presencial. Mas, ao mesmo tempo que a mídia cria esses espaços, frequentemente é jocosa, mostrando aspectos estereotipados, banalizando o sexo e criando uma discriminação ainda maior que a já existente. Assim, não podemos de falar da homofobia que, em seu grau máximo, leva pessoas, principalmente homens, a cometer homicídios.

Não é raro que algumas pessoas vivam conflitos psicológicos ao lidar com sua homossexualidade.

A homofobia internalizada faz muitos gays e lésbicas terem uma expectativa inconsciente negativa a respeito de seus próprios relacionamentos e uma visão distorcida sobre seu potencial para ter um vínculo adulto satisfatório. (Vitale, 2004, p. 155)

DEPOIMENTOS COMENTADOS:
DO AMOR PROIBIDO AO AMOR POSSÍVEL

> *O que seria de ti se Eu não existisse?*
> *O que seria de mim se Tu não existisses?*
> J. L. Moreno

A fim de ilustrar este artigo, realizei duas entrevistas que retratam em parte o caminho percorrido em busca do amor possível.

A., 46 ANOS, *DESIGNER*

"Tive meu primeiro namorado aos 16 anos. Ficamos juntos até os meus 19 anos. Depois me apaixonei por um homem 18 anos mais velho. Tivemos uma relação curta, porém significativa. Tive mais uns três namorados e alguns casos.

Eu era preconceituosa, me dar conta da minha orientação sexual foi uma descoberta dolorosa. Isso aconteceu aos 21 anos. Eu era estagiária numa empresa onde as sócias formavam um casal homossexual. Lidar com isso não era problema, até que uma delas se interessou por mim. A princípio, eu negava, mas a sedução aumentou e eu balancei. Tudo era novo para mim e aí eu 'pirei', 'pirei' porque gostei. Fiquei surpresa comigo mesma por ter ficado tão à vontade. Quando ela me perguntou se era a primeira vez mesmo, fiquei mais assustada ainda. Eu realmente gostava. Fui fazer terapia para retomar meu chão. Aprendi que uma relação homossexual também é normal. Fiz questão de revelar minha orientação sexual a minhas amigas. Mesmo minha mãe sendo do meio artístico, ela não aceitou: 'minha filha não'. Ficou sem falar comigo por seis anos. Hoje a relação com ela é ótima. Resumindo, fiquei casada por oito anos. Depois, tive outro casamento de quatro anos e, como qualquer casal, passamos por algumas crises, desencontros e reencontros. Depois da separação, fiquei um tempo sozinha. Conheci minha atual companheira num site de relacionamento. Tive um pouco de medo, pois havia conhecido uma mulher 'muito doida' numa experiência anterior e estava traumatizada. Geralmente, nesses sites, os papos são de muito baixo nível. Inclusive falei sobre isso: 'Eu tenho certo grilo de internet, já tive uma experiência desastrosa'. Hoje percebo melhor as pessoas. A maturidade me trouxe isso. A própria forma de escrever na internet, o que a pessoa fala e como fala da família permite traçar o perfil, saber se está mentindo. Quando nos falamos ao telefone pela primeira vez, rolou uma empatia. Sua voz me cativou, era doce, muito meiga. Como o papo estava rolando legal, marcamos um encontro. A empatia foi imediata e conversamos a tarde toda. Acabamos indo pra casa dela e transamos. Isso foi loucura, não nos conhecíamos ainda. Poderíamos estar armando uma para outra. Ouve-se tanto isso... Mas o fato é que confiamos na nossa intuição e foi tudo ótimo. Estamos juntas há três anos. Acredito que achei minha alma gêmea."

COMENTÁRIOS

Depois da experiência com mulheres, ela descobriu sua verdadeira orientação sexual, a homoafetiva. Em seu processo psicoterapêutico, aprendeu e internalizou que a relação homoafetiva é mais uma forma de expressão da sexualidade humana. Enfrentou a discriminação e a rejeição por parte da mãe até que esta a aceitasse e também a sua companheira, respeitando sua orientação sexual.

O bate-papo virtual propiciou o encontro das metades cindidas dessas mulheres. Quem sabe até poderíamos afirmar que a internet é a mais nova filha de Zeus?

B., 60 ANOS, PSICÓLOGA

"Como é difícil fazer uma escolha diferente da maioria! Eu namorei por dez anos e fui casada com esse namorado por mais dez. Separei-me por estar interessada em uma mulher, mas a relação com ela não foi pra frente. Depois dela, namorei ainda mais dois homens, mas não era a mesma coisa. Descobri que estar com uma mulher era bem mais interessante. Parei para analisar e vi que já tinha esse desejo desde criança, adolescente. E assim foi ao longo da minha vida. Eu nunca assumi, mas a vontade de ficar conversando com determinada amiga era maior do que ficar com meu marido. Isso ainda não era claro para mim. Hoje vejo que a homoafetividade ou a heteroafetividade é questão de identificação com quem te faz mais feliz. Optei por isso. Escolhi a felicidade. Amor independe de sexo, raça, religião e idade. O amor é sentimento muito grandioso. Você ama uma pessoa, sente falta dela, quer ter essa companhia junto de você. Amor é cumplicidade, é carinho, é troca.

Minha mensagem é que as pessoas não tenham medo do julgamento do outro e, caso tenham, enfrentem-no. Nunca permitam que ninguém atrapalhe seu sonho.

Tenho uma filha e ela só soube 'oficialmente' quando tinha 12 anos. Só falamos quando perguntou. Eu já morava com minha companheira havia seis anos. Ela tinha ciúmes achando que eu gostava mais da minha companheira do que dela. Foi preciso explicar que eram amores diferentes, que ninguém tira o lugar de ninguém. Foi um período difícil e tenso. Ela ficou agressiva, passou a ter vergonha de nós. Queria saber quem mais sabia, quem dos nossos amigos era *gay*. Precisei colocar limites o tempo todo. Ela precisava entender que eu não deixei de ser mãe por ser homossexual. Expliquei que entendia o que ela estava sentindo, que esperaria o tempo dela, mas a autoridade hierárquica de mãe continuava sendo minha. Hoje ela é casada com um homem e ambos nos aceitam muito bem. No casamento dela, fez questão de que todos ficassem no altar. Eu, o pai, a nova esposa dele e minha companheira.

Nossas famílias de origem, minha e da minha companheira, nos aceitam e nos incluem em todas as festividades. Somos vistas como casal e, como tal, incluídas nos eventos familiares. Estamos juntas há 25 anos e nosso projeto é legalizar nossa relação."

COMENTÁRIOS

Podemos perceber que B. reviu em sua história, mesmo depois de dez anos de casamento heterossexual, que sua verdadeira orientação sexual era homoafetiva. Foi em busca de seu desejo, seu sonho. Sua filha precisou aprender um novo papel, o de ser filha de uma mulher homossexual, e reagiu a ele.

Afirma Nery (2003, p. 75):

> [...] Quando o indivíduo adquire um novo papel, não apenas ele, mas também o outro adquire um novo papel complementar e sofre a interferência de conteúdos emocionais relacionados à tensão, ao enfrentamento do novo ou às resistências à mudança". A filha precisou de tempo para incorporar como natural o novo modelo de relacionamento de sua mãe. Vimos que a filha de uma mulher de orientação sexual homoafetiva não se tornou lésbica em função de ter sido educada por duas mulheres.

CONSIDERAÇÕES FINAIS

A saúde psíquica não é pautada pela homoafetividade nem pela heteroafetividade. É fundamental que qualquer pessoa esteja em sintonia com sua orientação sexual. No desenvolvimento deste capítulo, vimos que o desejo de formar uma família, de ser respeitada, de poder livremente assumir que gosta de mulher, namora uma mulher, que deseja casar-se com outra mulher, ter ou não filhos e ser aceita socialmente leva essas mulheres a enfrentar a batalha da discriminação. Parafraseando Moreno (1992, p. 117), um processo realmente *terapêutico não pode ter* como meta final *menos* do que toda a *humanidade*. Com esse olhar vislumbro que, neste momento histórico, podemos abrir a mente para perceber que as pessoas que vivem sua orientação sexual homoafetiva não precisam mais "ficar no armário". Ao contrário, as portas devem permanecer sempre abertas. Na verdade, o ideal é que não existam mais esses "armários".

Qual é o custo da luta pelo amor homoafetivo? Por vezes é alto e deixa feridas. Mas... elas saram, viram cicatrizes carregadas de histórias. Transformam a forma, como as pedras que rolam no rio a fim de ser instrumento para que essa água cumpra sua jornada: o mar. As mulheres que hoje sofrem e lutam se expondo para conquistar seus direitos também cumprem sua jornada. São veículos para futuras mulheres viverem seus amores sem discriminação. O preconceito marca a alma e por vezes mata emocionalmente. As histórias das mulheres apresentadas neste artigo mostram que é possível trazer para a realidade seus sonhos e desejos. Elas expressam sua orientação sexual homoafetiva, amam e são aceitas.

Temos uma corresponsabilidade social, sendo homo ou heteroafetivos. Antes disso, somos humanos. Como diz Moreno, centelhas divinas e, como tal, nascidos para amar. Que as pessoas possam viver suas relações amorosas homoafetivas sem ser vistas como diferentes, sem ser marginalizadas e rotuladas de doentes. Chegará a hora em que todos terão liberdade de expressar sua identidade sexual sem ser punidos por isso, uma hora em que realmente a democracia prevaleça.

REFERÊNCIAS BIBLIOGRÁFICAS

Bustos, D. M. *Perigo... Amor à vista!* São Paulo: Aleph, 1990.
Cukier. R. *Palavras de Jacob Levy Moreno.* São Paulo: Ágora, 2002.
Ferreira, A. B. H. *Novo dicionário Aurélio século XXI.* Rio de Janeiro: Nova Fronteira, 1999.

FISCHER, A. "A influência da mídia na formação da identidade homossexual brasileira". In: RIOS, L. F. et al. *Homossexualidade: produção cultural, cidadania e saúde.* Rio de Janeiro: Abia, 2004, p. 138-9.

GERBASE, A. B. *Relações homoafetivas: direitos e conquistas.* Rio de Janeiro: Edipro, 2012.

MORENO, J. L. *O psicodrama.* São Paulo: Cultrix, 1974a.

_____. *Psicoterapia de grupo e psicodrama.* São Paulo: Mestre Jou, 1974b.

_____. *Quem sobreviverá? Fundamentos da sociometria, psicoterapia de grupo e sociodrama.* Goiânia: Dimensão, 1992.

_____. *Quem sobreviverá? Fundamentos da sociometria, psicoterapia de grupo e sociodrama.* São Paulo: Daimon, 2008.

NERY, M. P. *Vínculo e afetividade – Caminhos das relações humanas.* São Paulo: Ágora, 2003.

VRISSIMTZIS. N. *Amor, sexo e casamento na Grécia Antiga.* São Paulo: Odysseus, 2002.

VITALE, M. A. F. (org.). *Laços amorosos: terapia de casal e psicodrama.* São Paulo: Ágora, 2004.

7. A relação amorosa na bissexualidade

Elisabeth Sene-Costa e Rosilda Antonio

INTRODUÇÃO

A SEXUALIDADE É, AO mesmo tempo, um tema complexo, delicado e instigante. O mistério que a envolve continua presente até hoje, mais ainda se os estudos se estenderem para além da sexualidade predominante, a heterossexualidade.

Foucault (2012, p. 10) nos diz que há séculos "os indivíduos são levados a reconhecer-se como sujeitos de uma 'sexualidade'". Se todo ser humano é dominado pelo princípio do "sujeito ou homem de desejo" (p. 11), entendemos que esse preceito inclui qualquer pessoa, independentemente de sua orientação sexual.

Os homossexuais, os bissexuais, o grupo dos denominados "trans" (transgêneros, transexuais, travestis etc.) fazem parte, há muito tempo, de um conjunto de pessoas que lutam pelos seus direitos, no intuito de conviver harmonicamente com o meio social. No entanto, também carregam consigo a dolorosa sensação do estigma imposto pela sociedade, que ainda tende a vê-los e a classificá-los, exclusivamente, por meio de uma sigla: "LGBT"[1].

---

[1]. Joan Roughgarden (2005) é um transgênero que em 1998 passou por uma cirurgia para redefinição de sexo. Ela é bióloga, filósofa, Ph.D. em ecologia teórica, professora, autora de vários trabalhos científicos e de seis livros. Roughgarden inclui na sigla LGBT o "I" de intersexos (também denominados *hermafroditas*: pessoas que nascem com um defeito congênito apresentando uma anormalidade nos órgãos sexuais internos e externos).

Embora estejamos no século 21, o que poderia representar maior liberdade e menor discriminação sexuais, até hoje detectamos a presença de preconceitos nessa área. Por mais que o grupo da diversidade lute por conquistar seu espaço no mundo, ele ainda se defronta com muita segregação sexual. Algumas pessoas que se dizem aceitá-lo o fazem, muitas vezes, por considerar que devem se modernizar diante do assunto. Todavia, no fundo, de forma imponderável, parecem apresentar uma crítica espectral, que começa com uma aguda curiosidade, perpassa por sentimentos de estranheza e repulsa, julgamentos maledicentes ou ironias, e finaliza com uma postura de inadmissibilidade, ou próxima dela. Perguntamo-nos se essa não é uma razão para que grande parte do grupo da diversidade se reúna em guetos e viva às escondidas dessa sociedade que ainda segrega outras orientações afetivo-psicossexuais[2].

Apesar da presença do preconceito, temos de admitir que vários estudos científicos e inúmeros movimentos[3] ligados à sexualidade têm auxiliado as pessoas, em geral, a mostrar maior visibilidade e transparência em relação à sua orientação sexual.

No que diz respeito à relação amorosa na bissexualidade, tema deste capítulo, aproveitamos as ideias de Sadock e Sadock (2007) quando se referem à importância da intimidade entre duas pessoas. Ambas vão à procura do crescimento e da felicidade da pessoa amada e o sexo é a função catalisadora que promove a manutenção dessas relações íntimas. Bauman (2004, p. 25), ao discorrer de forma bela e profunda sobre o amor, o desejo e a fragilidade das relações humanas e familiares, salienta que "o

---

2. Sadock e Sadock (2007, p. 739) utilizam o termo "psicossexual" para "descrever o desenvolvimento e o funcionamento da personalidade na medida em que estes são afetados pela sexualidade". Daqui em diante compreenderemos essas relações dessa forma.

3. A *"teoria queer"* e os *"gender fucking"* são dois movimentos iniciados nos Estados Unidos por volta da década de 1980. Em síntese, o primeiro tem por objetivo mobilizar as pessoas em defesa da sexualidade considerada marginal, sendo o segundo um movimento anárquico cuja finalidade é não admitir a sexualidade normal, disciplinada.

amor é uma rede lançada sobre a eternidade, o desejo é um estratagema para livrar-se da faina de tecer redes. Fiéis à sua natureza, o amor se empenharia em perpetuar o desejo, enquanto este se esquivaria aos grilhões do amor". Diante disso, poderíamos dizer que no relacionamento amoroso-sexual, independentemente de qual seja a orientação sexual, existe uma luta constante na busca da perpetuação do amor.

Entretanto, muitas vezes, o que se vê é o encontro fortuito, de curta duração, cujo propósito exclusivo é o jogo sexual de deleite efêmero, que leva ao prazer e ao gozo e não cria laços afetivos.

Paralelamente ao amor, nos chamam a atenção muitas fantasias ligadas aos bissexuais. Uma delas é a de que o vínculo estabelecido por uma pessoa bissexual é menos intenso, mais frívolo, superficial, como se o indivíduo estivesse dividido entre um gênero e outro e não promovesse uma relação verdadeira com nenhum deles. Outras duas fantasias estão ligadas ao fato de que os bissexuais são aqueles que mantêm relacionamentos simultâneos com pessoas dos dois sexos e apenas se relacionam com outros bissexuais. Obviamente, essas fantasias parecem ser alimentadas pelo grande estranhamento que a diversidade de comportamentos desperta nos indivíduos. É importante salientar que os bissexuais podem estabelecer relacionamentos saudáveis, em momentos distintos, com pessoas de gêneros diferentes. Nosso grande desafio, neste texto, é investigar o conceito de bissexualidade, contextualizá-lo no espectro da sexualidade humana e refletir sobre como o psicodramatista pode abordar os bissexuais que procuram ajuda para seus conflitos. É preciso esclarecer que não estamos falando de transtornos sexuais ou doença. A Associação Americana de Psiquiatria e a Organização Mundial da Saúde (OMS) consideram as orientações hétero, homo e bissexual expressões naturais da sexualidade.

FATORES PSICOSSEXUAIS

Vamos discorrer, brevemente, sobre quatro fatores psicossexuais que norteiam o desenvolvimento e o desempenho da personalidade humana: identidade sexual, identidade de gênero, papel de gênero e orientação sexual.

A identidade sexual está ligada, basicamente, aos caracteres sexuais biológicos, isto é, cromossomos (as fêmeas apresentam um par de cromossomos do tipo XX e os machos um par de cromossomos do tipo XY), caracteres sexuais primários (genitália interna e externa), hormônios sexuais e características sexuais secundárias (voz, traços corporais, pelos etc.).

A identidade de gênero diz respeito ao estado psicológico, à tomada de consciência de ser homem ou mulher. Esse termo foi criado pelo médico psicanalista e pesquisador americano Robert Stoller, na década de 1970, o qual define como

> a mescla de masculinidade e feminilidade em um indivíduo, significando que tanto a masculinidade como a feminilidade são encontradas em todas as pessoas, mas em formas e graus diferentes. Isso não é igual à qualidade de ser homem ou mulher, que tem conotação com a biologia; a identidade de gênero encerra um comportamento psicologicamente motivado. (1993, p. 28)

Para ele, o gênero do indivíduo tem característica social, enquanto o sexo é essencialmente biológico.

Segundo Sims (2001, p. 221), a partir dos 18 meses, quando se estabelece o início da linguagem, as crianças sabem diferenciar sua identidade de gênero, se são meninos ou meninas, e passam a ter interesse e comportamentos segundo o padrão masculino ou feminino.

O papel de gênero é a sensação interna de ser homem ou mulher, que é construído e elaborado conforme as influências recebidas pelo meio social em que se vive.

A orientação sexual se relaciona com o desejo sexual da pessoa. Ela pode ser heterossexual, homossexual ou bissexual.

Para Abdo (2004), a identidade sexual se estabelece a partir do momento em que a criança nasce com caracteres físicos e é reconhecida pelo meio em que vive – e por si mesma – como pertencendo a determinado gênero. Por sua vez, a autora afirma que a orientação sexual é definida pela atração que uma pessoa sente pela outra, e não pela prática sexual. Enfatiza ainda que a orientação não é sinônimo de identidade sexual.

> Em outras palavras, fazer sexo com alguém do mesmo sexo ou do sexo oposto não é, por si só, determinante de homo ou de heterossexualidade. Por outro lado, sentir-se atraído por pessoa(s) do mesmo sexo ou do sexo oposto é indicativo de orientação homo ou heterossexual, respectivamente (Abdo, 2004, p. 25)

Costa (1994, p. 16) assinala que a criança, a partir dos primeiros meses de vida, desenvolve a identidade corporal, por meio da consciência do próprio corpo. Posteriormente, à medida que o sexo biológico passa a ser reconhecido pelos meninos e meninas, a identidade genital[4] se torna perceptível e eles se dão conta do gênero masculino ou feminino ao qual pertencem.

A identidade de gênero, segundo o autor, é atribuída às sensações internas, ao sentimento de pertencer ao gênero masculino ou feminino, ou seja, o SER homem ou mulher. O papel de gênero, para ele, está ligado ao comportamento da pessoa nos meios sociais; é a "maneira de ser" masculina e feminina. A identidade e o papel de gênero devem se articular harmoniosamente para que o indivíduo não venha a apresentar conflitos psicológicos. Costa enfatiza ainda que a orientação afetivo-sexual diz respeito a todos os sentimentos e sensações (desejo, prazer, orgasmo, amor, paixão, fantasias sexuais, sonhos eróticos) dirigidos a outra pessoa.

---

4. O autor prefere o termo "identidade genital" em vez de "identidade sexual".

CONCEITO, PESQUISAS E ASPECTOS BIOLÓGICOS

O termo "bissexualidade" em geral é utilizado para definir pessoas que escolhem se relacionar, de forma afetivo-sexual, tanto com homens como com mulheres.

Em cartas trocadas com Freud, Fliess introduz a ideia da bissexualidade inata. Freud (1973, p. 1176) desenvolve essa ideia nos "Três ensaios sobre a teoria da sexualidade", segundo a qual todos nascemos com uma predisposição à bissexualidade.

Para Singer (1976, p. 34), psicanalista americana estudiosa da androginia, "o fator que determina a bissexualidade é a propensão psicológica". Ela salienta que a bissexualidade não se refere a um comportamento manifesto, mas sim a uma inclinação. Nesse sentido, questiona se todas as pessoas não seriam, então, bissexuais. "Minha experiência clínica sugere que a orientação bissexual é muito mais difundida do que a maioria acredita. Poucas são as pessoas que não nutrem sentimentos eróticos por parceiros reais ou potenciais de ambos os sexos" (*ibidem*).

Entre os inúmeros estudos científicos publicados sobre a bissexualidade até hoje, destacamos duas pesquisas, a primeira por seu caráter pioneiro e revolucionário, e a segunda por se tratar de um estudo brasileiro inédito.

O biólogo americano Alfred Kinsey (2012) estudou o comportamento sexual dos homens e das mulheres e apresentou à sociedade americana o seu controvertido Relatório Kinsey, que provavelmente deu início à revolução sexual na década de 1960. Em 1948, lançou o famoso livro *O comportamento sexual do homem* e, em 1953, o segundo volume, intitulado *O comportamento sexual da mulher*. Seus estudos abalaram a comunidade americana, pois alguns dados de seu relatório apontavam que 92% dos homens e 62% das mulheres possuíam o hábito de se masturbar, bem como 37% deles e 13% delas já haviam apresentado uma relação homossexual satisfatória. Do total dos pesquisados, 10% dos homens e 5% das mulheres se declararam homossexuais. Para ele, os seres humanos se classificariam, em relação à sexualidade, em diversas categorias expostas nos dois quadros que se seguem:

Quadro 1 – A escala de Kinsey (Abdo, 2004, p. 27)

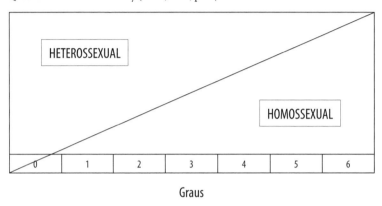

Quadro 2 – Classificação da sexualidade segundo Kinsey

0 – Exclusivamente homossexual
1 – Predominantemente heterossexual e ocasionalmente homossexual
2 – Predominantemente heterossexual, com experiências homossexuais mais que ocasionais
3 – Igualmente heterossexual e homossexual (bissexual)
4 – Predominantemente homossexual mais do que ocasionalmente heterossexual
5 – Predominantemente homossexual e apenas incidentalmente heterossexual
6 – Exclusivamente homossexual

A pesquisa de Kinsey incluiu a bissexualidade, mas não entrou em maiores considerações sobre ela.

No Brasil, temos o amplo estudo da psiquiatra brasileira Carmita Abdo (2004) sobre a vida sexual do brasileiro[5], que in-

---

5. O estudo foi denominado "Estudo da Vida Sexual do Brasileiro" (EVSB) e encontra-se no livro citado nas referências bibliográficas.

clui dados acerca dos bissexuais. Como mostra a pesquisa (Quadro 3), os homens e as mulheres bissexuais são em menor número. O Quadro 4 apresenta a distribuição dos bissexuais por faixa etária.

Quadro 3 – Pesquisa sexual no Brasil
(7.103 voluntários, 87 questões) (Abdo, 2004, p. 25)

Homens	Mulheres	Idade média
54,6%	45,4%	37,4% (dos 18 aos 80)
92% heterossexuais	96,7% heterossexuais	–
6,1% homossexuais	2,4% homossexuais	–
1,8% bissexuais	0,9% bissexuais	–

Quadro 4 – Distribuição dos bissexuais por faixa etária

Idade	Homens	Mulheres
18 a 25 anos	2,1%	1%
26 a 40 anos	2,2%	0,7%
41 a 60 anos	1,4%	1%
61 anos ou mais	0,4%	0%

Essa é, sem dúvida, uma importante contribuição ao estudo da sexualidade brasileira. No entanto, chama-nos a atenção a baixa prevalência de bissexuais no nosso meio, já que estamos trabalhando com a ideia de que a bissexualidade pode estar presente em todo ser humano. Pensamos que alguns fatores estariam distorcendo as respostas dos pesquisados, como o preconceito contra a própria bissexualidade, a dificuldade de se conscientizar dos seus desejos sexuais, o constrangimento em revelar suas experiências e inquietações, ou ainda o fato de terem considerado apenas a orientação sexual do relacionamento vivido no momento da pesquisa. De qualquer forma, fica o desafio para os futuros pesquisadores no sentido de contornar os vieses descritos e aumentar a confiabilidade dos dados.

Muitos estudos científicos têm sido realizados no campo da sexualidade em busca de componentes biológicos e genéticos que expliquem as orientações sexuais.

Sadock e Sadock (2007, p. 740) relatam várias experiências que demonstram que todos os embriões mamíferos, independentemente de serem geneticamente masculinos (genótipo XY) ou femininos (XX), "apresentam uma anatomia feminina durante os primeiros estágios da vida fetal". Por volta da sexta semana de vida embrionária até o final do terceiro mês, ocorre a ação dos hormônios andrógenos, que promovem a diferenciação dos sexos. Esses hormônios pré-natais parecem ter uma participação efetiva na organização do sistema nervoso central, e evidências sugerem a influência biológica desses hormônios na orientação sexual. Quanto à predisposição genética, os estudos estão sendo realizados entre gêmeos, famílias, cromossomos e células do hipotálamo, porém nenhum deles foi conclusivo até o momento.

PAINÉIS

A clínica nos mostra uma multiplicidade de casos em que a bissexualidade se manifesta consciente e, em outros, fica latente. As autoras apresentam, a seguir, um painel de possibilidades eróticas encontradas em diversos homens e mulheres que deixam à mostra sua orientação sexual, assim como tantos outros que ocultam suas necessidades nos recônditos da alma e da vida social[6]. Os exemplos citados não esgotam o leque de possibilidades, e o leitor poderá acrescentar outros, baseado em seu conhecimento. Deixamos em aberto a pergunta: todos eles podem ser considerados bissexuais?

Painel dos homens	Painel das mulheres
1. Casados com mulher, ou solteiros, que apresentam desejo sexual por travestis. As relações podem ser virtuais, presenciais ou por meio de fantasias que se satisfazem na masturbação. 2. Casados com mulher que mantêm um relacionamento homossexual. 3. Casados com mulher que se vestem com roupas femininas e mantêm relacionamento extraconjugal com mulher, homem ou casal. 4. Casados com homem que têm relações sexuais ocasionais com mulher ou mantêm uma namorada "para disfarçar". 5. Solteiros que mantêm relações sexuais ora com homens, ora com mulheres, ora com casais. 6. Casados com travestis.	1. Casadas com homem que apresentam fantasias homossexuais e jogos sexuais masturbatórios, na internet, com outras mulheres. 2. Casadas, separadas, ou viúvas, em geral com filhos, que procuram mulheres mais masculinizadas para ter uma experiência e "ver se gostam". 3. Casadas, separadas, viúvas ou solitárias que frequentam ambientes homossexuais a fim de ter uma experiência com mulher. 4. Solteiras que mantêm relações sexuais ora com homens, ora com mulheres, ora com casais. 5. Solteiras ou casadas que mantêm relações sexuais esporádicas ora com homens, ora com mulheres. Não aceitam *ménage*.

Painel dos casais

Em geral, um deles toma a iniciativa e propõe a relação denominada "ménage a trois, a quatre, a cinq" etc. Nem sempre os dois membros do casal gostam desse tipo de atividade, mas aquele(a) que não gosta a aceita para satisfazer ou não perder o(a) companheiro(a). Na maioria das vezes, essas relações são esporádicas ou fugazes.

Definir bissexualidade não é tão simples. Isso se deve ao fato de que, na verdade, a sexualidade humana não se divide em categorias. Esses são meros artifícios que criamos para tentar conhecê-la (ou controlá-la). A sexualidade humana é variada e,

---

[6]. São apresentados exemplos de escolha livre, movidas pelo desejo, e não relações de sexo pago ou qualquer outra forma de prostituição.

se realmente queremos compreendê-la, devemos estar abertos às suas diversas e, muitas vezes, surpreendentes manifestações.

O PSICODRAMA

Moreno, o criador do psicodrama, não se dedicou a estudar profundamente o tema da sexualidade *lato sensu*. Há em seu capítulo sobre "Hipóteses gerais"(1994, III, p. 185) referências discretas a respeito de critérios sexuais[7], da atração grupal dos sexos e seu desenvolvimento com a idade, da divisão sexual na formação de grupos, de tele[8] sexual, da ambivalência de escolhas etc. Outro dado interessante refere-se a algumas palestras que Moreno realizou sobre a bissexualidade. No livro *Psicoterapia de grupo e psicodrama* (1974, p. 169), ele organiza os títulos de diversas conferências que deveria fazer. Uma delas é denominada "Bissexualidade é uma manifestação normal". (Várias outras falam sobre o masculino e o feminino, sendo a última intitulada "O complexo de Édipo distanciado do drama, uma ilustração da bissexualidade".)

Entre os psicodramatistas brasileiros, Costa apresenta, no seu livro *Onze sexos* (1994, p. 5), uma ampla descrição da diversidade sexual humana – segundo ele, um "'caleidoscópio" que, ao girar, fará "surgir as mais diversas 'imagens' da sexualidade humana". Ele acrescenta, ainda, que tais imagens não são definitivas, o que deixa espaço para pensarmos que a criatividade humana também pode construir, sempre, novas sexualidades.

---

[7]. Moreno descreve a "lei de gravitação social", a qual é representada por uma fórmula sociométrica que pode ser explicada da seguinte maneira: duas pessoas que se interessam mutuamente se mobilizam em direção ao outro, na proporção direta da "quantidade" de atração emitida e recebida. Essa atração é determinada por vários critérios, sendo um deles o sexual.

[8]. Tele: processo que ocorre nas relações interpessoais em que há uma empatia recíproca entre os indivíduos.

Merengué (2001, p. 45) diz que "a espontaneidade criadora pede intimidade e igualdade nos vínculos, pois só assim é possível aos sexos, estando arranjados do modo que bem entenderem, encontrar elementos próprios para os guiarem".

Segundo Wilson Castello de Almeida (2012, p. 17), é falso dizer que Moreno é dono de uma teoria assexuada, pois "as escolhas sociométricas estão plenas de sexualidade". Essa afirmação do autor é importante porque delimita o lócus da sexualidade na teoria moreniana.

No entanto, convém reconhecer que Moreno não se ocupa em explicar a sexualidade, mas em propor um método para ajudar o homem a se realizar nas suas relações, incluindo as afetivo-sexuais.

Fonseca (2000, p. 219) procura uma compreensão do desenvolvimento da sexualidade segundo as fases da matriz de identidade[9] e discorre sobre a sociometria sexual, que engloba as possibilidades relacionais de atração, rejeição e neutralidade.

Para Brito (2009), "Moreno não acredita em sexualidade, não teoriza sobre estruturas de personalidade, porque não define o ser humano como estruturalmente construído. O ser humano moreniano é o ser autodeterminado que se cria a si mesmo continuamente"[10].

Perazzo (1986, p. 90) discute os significados de "papel sexual" e de "papéis sexuais" e utiliza a designação de papéis sociais ligados à sexualidade.

Questionamos a propriedade do termo "papel sexual", pois ele pode levar a ambiguidades. Muitas vezes, ele se confunde com a orientação sexual, a qual não se constitui num papel, mas numa função da sexualidade. Podemo-nos referir ao papel de homem ou papel de mulher e então utilizar a expressão condizente com

---

9. Para Moreno, a matriz de identidade é a base para a formação da identidade da pessoa.
10. Extraído do fórum de discussão sobre psicodrama e sexualidade do XVII Congresso Brasileiro de Psicodrama, disponível (mediante cadastro e login) em: <http://conexoes2010.ning.com/forum/topics/psicodrama-e-sexualidade>.

a orientação sexual do sujeito. O termo "papel de gênero" nos parece mais adequado para se referir à condição em que o indivíduo se dá conta de pertencer ao gênero masculino ou feminino e poder desempenhar o papel social de homem ou de mulher, segundo o modelo oferecido pela cultura, mas modificado pela sua singularidade. O papel de gênero faz parte da identidade do indivíduo, estando presente em todos os momentos de sua vida. Já a função sexual pode se manifestar no desempenho de qualquer outro papel com seu contrapapel (amigos, colegas de trabalho, professor-aluno, estranhos num espaço público etc.). Logo, compreendemos a sexualidade como uma função que alimenta as escolhas dos indivíduos para estabelecer encontros sexuais. E tais escolhas poderão criar novos papéis para os indivíduos em questão, por exemplo: namorados, amantes, cônjuges, companheiros, "ficantes", "amigos coloridos" etc.

Portanto, o psicodrama não propõe uma explicação específica da sexualidade, mas valoriza as escolhas sociométricas que o indivíduo faz na vida e o modo como se relaciona com elas.

EXEMPLOS DA CLÍNICA

Serão relatados dois exemplos clínicos, analisados do ponto de vista teórico da socionomia, cujos conflitos foram trabalhados à luz do método psicodramático.

AFONSO

Quando procurou tratamento, Afonso contava 30 anos e era solteiro. Dos 18 aos 31 anos teve relações homoafetivas com vários homens. Essas relações não perduravam, segundo ele, por conta de seu pênis, que considerava pequeno demais. Aos 32 anos, começou a namorar uma moça pequena e, como se sentia atraído por ela, resolveu se casar. Durante todo o casamento, teve relações prazerosas com a esposa e percebia que ela gostava de seu órgão sexual.

Essa sensação o deixava confiante e orgulhoso. Praticamente nem pensava mais no tamanho de seu pênis. Teve dois filhos e levou sua vida, sem maiores preocupações ou conflitos, porém continuou a admirar e a desejar, a distância, os homens.

O comportamento sexual de Afonso evidencia uma bissexualidade com predominância do desejo homossexual. Afonso não conseguiu estabelecer relações afetivo-sexuais télicas com outros homens. Sua baixa autoestima e o conflito por considerar seu pênis pequeno demais funcionaram como bloqueio para sua espontaneidade nos vínculos, impedindo-o de ter relações de encontro e crescimento mútuo com seus parceiros. Não foi dito que ele foi rejeitado por esses parceiros por ter um pênis pequeno, apenas que as relações não duraram. Sabemos que uma grande ansiedade é característica de um estado transferencial (Bustos, 1990) e que a ansiedade é inversamente proporcional à espontaneidade (Moreno, 1994, *II*). Temos, então, uma condição que favorece o desencontro. A experiência de aceitação de seu corpo pela esposa levou à diminuição da ansiedade e à construção de um relacionamento mais estável. A esposa não foi, a princípio, a sua primeira escolha sexual, mas como o vínculo era menos transferencial ele conseguiu construir uma relação mais segura e com filhos.

O conflito na relação com o próprio corpo era responsável por sua infelicidade com os homens, dos quais se afastava para não sentir desejo. Ele também se mantinha distante do próprio corpo, que recriminava e não aceitava. Esse foi um dos focos do trabalho psicodramático, ou seja, trabalhar as dificuldades de aceitação de seu corpo. Uma das primeiras dramatizações realizadas foi a de um diálogo de Afonso com seu supostamente "minúsculo" órgão sexual no qual ele pôde expressar desde a revolta com os pais, que o haviam gerado assim, até a inveja dos homens "normais". A possibilidade de expressar todos os sentimentos negativos relacionados à sua condição abriu caminho para uma elaboração do seu conflito.

Outra cena dramatizada foi a de uma fantasia de Afonso diante de um homem que o atraía. Ante esse homem, Afonso se sente envergonhado, inferior, embora o outro não o rejeite. Afonso, muito tenso, olha de fora a cena (técnica do espelho) e se remete para uma situação antiga da infância em que o pai brigava muito com a mãe e Afonso, pequeno, queria protegê-la. O pai o afastava dizendo que ficasse quieto, que "ele não era homem para aquilo". Afonso teve um *insight* e uma catarse psicodramática que o levaram a chorar copiosamente e a constatar que construíra uma fantasia de que jamais seria reconhecido pelos homens como igual. Aquela frase do pai virou uma crença à qual ele se apegava toda vez que se defrontava com um homem e, inevitavelmente, fazia uma comparação. Foi, então, proposto que o Afonso adulto interagisse com o menino e ele se reconheceu como alguém com o direito de enfrentar as situações da vida do jeito que é, sem se desqualificar diante de ninguém.

A dramatização ajudou o protagonista a trabalhar a rede de transferências envolvidas no conflito sexual, para que ele pudesse fazer escolhas de modo espontâneo, télico. Afonso, antes de escolher outra pessoa para se relacionar, homem ou mulher, precisou se aceitar para então aproveitar com liberdade sua vida afetivo-psicossexual.

SOARES

Soares tem 45 anos, é casado e pai de quatro filhos. Casou-se apaixonado pela esposa e sempre manteve, com ela, relações sexuais prazerosas. Fiel, afirmava não sentir desejo por outras pessoas. Depois de alguns anos de casamento, começou a sentir admiração e atração por colegas de trabalho e amigos do convívio social. Esses sentimentos lhe causavam certo mal-estar e constrangimento, mas a relação com a esposa ia se tornando menos vitalizada enquanto a curiosidade pelo contato com outro homem crescia. Certo dia, criou coragem e foi a uma boate *gay*. Um rapaz veio em sua direção e ambos se sentiram fortemente atraídos um pelo outro. Apaixonaram-se e começaram a ter uma relação homoafetiva extremamente prazerosa. O companheiro não aceitava seu casamento heterossexual, o que levou Soares a pedir a separação à esposa. Contou a ela sobre o ocorrido e lhe disse não saber o que havia acontecido com ele, mas estar, no momento, apaixonado por um homem e querer viver integralmente essa relação. Surpresa com o relato, a esposa chorou e estranhou sua colocação, pois sempre considerou o marido muito viril e amoroso na vida sexual com ela.

A história de Soares é um exemplo característico de bissexualidade. Ele sempre afirmou ter sido feliz no casamento, que descrevia como uma relação de amor, desejo e prazer, além da grande felicidade em construir uma família. Soares buscou ajuda para contar à sua esposa que desejava se separar por ter se apaixonado por outro homem. Temia a sua reação e o seu julgamento. A relação de Soares com seu parceiro parecia harmoniosa e sem elementos transferenciais, como no caso de Afonso.

Numa sessão psicodramática, foi proposto a Soares que concretizasse seus dois relacionamentos. De um lado, a esposa, os filhos, a rede sociométrica desse mundo e os projetos nele envolvidos. De outro, o novo parceiro, essa paixão atual, como se sentia nessa nova relação, que sonhos pretendia realizar. Colocou-se entre um mundo e o outro, para que identificasse o impacto que cada um dos lados produzia nele. Evidenciaram-se dificuldades ligadas ao tema de separação, culpas que não o deixavam livre para fazer sua escolha vigente e seus enfrentamentos. O trabalho com ele necessitou de várias sessões, até o momento em que Soares amadureceu sua escolha e pôde fazer as despedidas e os rompimentos necessários para seguir em direção à sua nova escolha afetivo-psicossexual.

COMENTÁRIOS FINAIS

Escrever sobre as relações amorosas e a bissexualidade nos colocou diante de alguns desafios. Pesquisamos a bissexualidade na filosofia, passamos pela psicanálise, pelos estudos populacionais, pelos manuais dos transtornos mentais, pelo pouco que Moreno comenta sobre sexualidade e pelos autores psicodramatistas contemporâneos que pensam sobre o tema. Pesquisamos, também, diversas ideias preconceituosas que povoam o imaginário social em relação à bissexualidade e deparamos com os obstáculos que o estigma cria para dificultar a realização amorosa das pessoas que apresentam essa orientação sexual.

Em geral, na conquista bissexual, todo desejo incipiente entre as duas pessoas é em prol de uma relação amorosa, afetivo-psicossexual, na qual não está em jogo a preocupação do gênero a ser atraído, mas a conquista espontânea. Segundo Montoro (2004, p. 112) é o amor bissexual alicerçado no amor como princípio, no amor romântico adulto. É o amor indefectível do aqui-e-agora, ou "até que dure", parodiando Vinicius. É o *status nascendi* do ato amoroso-sexual desempenhado por duas pessoas que, nesse momento, se complementam e em outro instante, caso a relação chegue ao fim, independentemente do motivo, podem apresentar outra escolha diversa quanto ao gênero.

Para nós, o olhar do psicodramatista se dirige para a relação de cada pessoa com a sua sexualidade, e não para a sexualidade propriamente dita, ou seja, como cada pessoa lida com a sua identidade sexual, sua identidade de gênero, seu papel de gênero, sua orientação sexual, com a sexualidade do outro, com os estigmas e preconceitos de seu meio social, com os conflitos gerados pelas imposições internas e externas que buscam coibir o fluxo espontâneo e criativo de sua sexualidade.

Podemos pensar nas várias conservas culturais estigmatizantes, muitas vezes disfarçadas de discurso científico, que tentam estabelecer padrões sexuais "normais" e impedir a criação de maneiras diversas e novas para responder às demandas afetivas e sexuais dos indivíduos.

Se Moreno não discorreu sobre sexualidade, isso não implica omissão. Ao contrário, como psicodramatistas, precisamos definir nossa atitude diante da diversidade sexual e, em particular, no caso deste capítulo, diante da bissexualidade. O que nos inspira no trabalho com homens e mulheres que amam tanto homens como mulheres?

O mesmo que nos inspira diante da humanidade. Nossa missão e responsabilidade é construir ações e práticas baseadas numa ética relacional que sempre se inspira no Encontro (moreniano). Trata-se de uma atitude que procura defender o direito de escolha livre e espontânea e favorecer a criação de soluções novas e verdadeiras para os problemas, velhos ou novos, mas atuais. Não confundam, os mais temerosos e conservadores, com incentivo à libertinagem e à infrassexualidade[11] (Fonseca, 2000, p. 246), que transita nos limites do crime, degrada o sexo, promove o sofrimento e está longe da experiência sexual como fonte de alegria. Isso seria como confundir espontaneidade com impulsividade. A escolha sexual livre e espontânea é responsável porque pressupõe adequação. A quê? Ao outro. Adequação é a solução ideal que harmoniza um eu e um tu num encontro enriquecedor e significativo para ambos. Caso contrário, seria desencontro, o equivalente psicodramático para a doença.

Essa postura não se aplica, naturalmente, apenas à abordagem de pessoas ou grupos com orientação bissexual. Afinal, o psicodrama não se ocupa de trabalhar com o homem dividido em categorias, muito menos as sexuais. O psicodrama tem por objetivo viabilizar os caminhos para cada pessoa realizar suas escolhas da maneira o mais télica possível. O olhar do psicodramatista não visa, então, classificar as relações mais normais ou

---

11. Ao descrever os tipos de sexualidade, o autor cita a infrassexualidade como toda prática que degrada e rebaixa o sexo e afasta a experiência sexual da alegria e do encontro.

não, e sim as que são mais télicas ou transferenciais. É para esse ponto que seu trabalho se dirige, para promover a tele.

REFERÊNCIAS BIBLIOGRÁFICAS

ABDO, C. *Descobrimento sexual do Brasil para curiosos e estudiosos*. São Paulo: Summus, 2004.

ALMEIDA, W. C. *Rodapés psicodramáticos – Subsídios para ampliar a leitura de J. L. Moreno*. São Paulo: Ágora, 2012.

BAUMAN, Z. *Amor líquido: sobre a fragilidade dos laços humanos*. Rio de Janeiro: Zahar, 2004.

BUSTOS, D. M. *Perigo... Amor à vista*. São Paulo: Aleph, 1990.

CARRARA, S. "Discrimination, policies, and sexual rights in Brazil". *Cadernos de Saúde Pública*, v. 28, n. 1, jan. 2012, p. 184-9.

CHANTER, T. *Gênero: conceitos-chave em filosofia*. Porto Alegre: Artmed, 2011.

CHAUI, M. *Desejo, paixão e ação na ética de Espinosa*. São Paulo: Companhia das Letras, 2011.

COSTA, R. P. *Os onze sexos: as múltiplas faces da sexualidade humana*. São Paulo: Gente, 1994.

FONSECA, J. *Psicodrama da relação: elementos de psicodrama contemporâneo*. São Paulo: Ágora, 1999.

FOUCAULT, M. *História da sexualidade II: o uso dos prazeres*. São Paulo: Graal, 2012.

FREUD, S. "Tres ensayos para una teoría sexual". In: *Obras completas*. Madri: Biblioteca Nueva, 1973, t. II, p. 1169-237.

GERSHONI, J. "Rumo à aceitação e ao orgulho: psicodrama, sociometria e a comunidade de gays, lésbicas, bissexuais e transgêneros". In: GERSHONI, J. *Psicodrama no século 21: aplicações clínicas e educacionais*. São Paulo: Ágora, 2008, p. 211-8.

LEWIS, R. J.; KHOLODKOV, T.; DERLEGA, V. J. "Still stressful after all these years: a review of lesbians' and bisexual women's minority stress". *Journal of Lesbian Studies*, v. 16, n. 1, 2012, p. 30-44.

MERENGUÉ, D. *Inventário de afetos – Inquietações, teorias, psicodramas*. São Paulo: Ágora, 2001.

MONTORO, G. M. C. F. "Amor conjugal e padrões de relacionamento". In: VITALE, M. A. F. (org.). *Laços amorosos: terapia de casal e psicodrama*. São Paulo: Ágora, 2004.

MORENO, J. L. *Psicoterapia de grupo e psicodrama*. São Paulo: Mestre Jou, 1974.

_____. *Psicodrama*. São Paulo: Cultrix, 1975.

MORENO, J. L. *Quem sobreviverá? Fundamentos da sociometria, psicoterapia de grupo e sociodrama*, v. I, II e III. Goiânia: Dimensão, 1994.

OLIVEIRA, J. M. de *et al*. "Lesbian, Gay, and Bisexual Identity Scale (LGBIS): construct validation, sensitivity analyses and other psychometric properties". *Spanish Journal of Psychology*, v. 15, n. 1, mar. 2012, p. 334-47.

PERAZZO, S. *Descansem em paz os nossos mortos dentro de mim*. São Paulo: Francisco Alves, 1986.

ROUGHGARDEN, J. *Evolução do gênero e da sexualidade*. Londrina: Planta, 2005.

SADOCK, B. J.; SADOCK, V. A. *Compêndio de psiquiatria – Ciência do comportamento e psiquiatria clínica*. Porto Alegre: Artmed, 2007.

SENE-COSTA, E. M. *Gerontodrama: a velhice em cena. Estudos clínicos e psicodramáticos sobre o envelhecimento e a terceira idade*. São Paulo: Ágora, 1998.

_____. *Universo da depressão: histórias e tratamentos pela psiquiatria e pelo psicodrama*. São Paulo: Ágora, 2006.

SIMS, A. *Sintomas da mente: introdução à psicopatologia descritiva*. Porto Alegre: Artmed, 2001.

SINGER, J. *Androginia: rumo a uma nova teoria da sexualidade*. São Paulo: Cultrix, 1976.

STOLLER, R. *Masculinidade e feminilidade: apresentações do gênero*. Porto Alegre: Artes Médicas, 1993.

8. Amores virtuais

Eni Fernandes

O CONVITE PARA REDIGIR este texto decorreu de estudo que realizei sobre psicoterapia virtual com base em experiências no atendimento por telefone e Skype[1]. Foi surpreendente, na ocasião, a possibilidade de criar um vínculo a distância e vivê-lo tão expressivamente.

A surpresa se deveu, por certo, ao estranhamento e à resistência que atravesso para chegar ao mundo virtual e parece comum aos que, como eu, nasceram em uma época sem computadores. Ainda me lembro bem de uma vida mais tranquila, sem tantas demandas simultâneas, com ações e reações menos imediatas, com maior tempo para digerir os assuntos e com espaço e tempo mais bem recortados.

Passamos por grande adaptação e percebemos que, mais que o desafio de conhecer novas tecnologias e saber como utilizá-las, mais do que ajustar e integrar nossos trabalhos a elas, fomos todos atingidos por mudanças de costumes, transformações na forma de viver, no comportamento.

Procuro fazer dessa travessia um percurso para, neste texto, estudar as relações amorosas que se dão na internet.

A dicotomia do antigo em contraste com a novidade nos acompanha, pois, segundo Novaes (2008, p. 11), "enquanto o homem de ação liga sua existência à razão e a seus conceitos a fim de não ser conduzido e perder-se, o pesquisador constrói sua

---
1. Monografia *Psicodrama por telefone*, apresentada ao Instituto Sedes Sapientiae, 2008.

cabana ao pé da torre da ciência para ajudar sua construção e buscar proteção à sombra do construído".

Caminhemos aqui, protegidos, nessa construção. Teremos por foco a pergunta: como se compreende o relacionamento amoroso virtual?

Como em toda novidade, percorro mais dúvidas e sugestões do que respostas e soluções. E não colocaremos em pauta juízos de valor nem questões contra ou a favor de relacionamentos dessa natureza. Qualquer maneira de amor vale a pena, como é a tônica deste livro.

ENTREVISTAS

Entrevistei algumas pessoas que têm ou tiveram experiências de relacionamento virtual[2]. Não tive por objetivo testar hipóteses, como em contexto acadêmico. Quis apenas adentrar um pouco mais nesse universo, vislumbrar aspectos que desconheço.

Ao longo do texto, coloco alguns trechos dessas entrevistas.

O RELACIONAMENTO VIRTUAL: BREVE HISTÓRICO

Compreendemos aqui, por relacionamento virtual, aquele realizado por meio do computador, ou mesmo do telefone celular, usando sites de relacionamento, redes sociais, *softwares* de comunicação, aplicativos de *smartphones*, entre outros. Contrapõe-se ao relacionamento presencial.

Em breve histórico, as relações mediadas por computador foram recebidas, a princípio, com extrema desconfiança. Sabe-se

---

[2]. Entrevistei, por e-mail, pessoas com idade entre 22 e 61 anos, mulheres e homens, com diferentes estados civis; todos profissionais atuantes em suas áreas, com formação superior ou acima disso, e com relacionamentos pela internet que duravam entre um ano e dez anos.

que, diante de situações novas, uma reação natural é permanecer na segurança e no suposto equilíbrio do que já é conhecido, enquanto se olha para o novo com receio, quando não com susto e irritação. É a oposição entre *conservas culturais* e *espontaneidade*: precisamos do novo e da segurança do conhecido.

Assim foi também na difusão dos computadores e em sua ligação em rede mundial, que, no início, rivalizava com textos impressos, gerando muitas discussões sobre a possibilidade de a internet acabar com eles.

Anteriormente, houve reações semelhantes com a entrada da televisão, do rádio, do cinema e, recuando além:

> [...] já se registram vestígios, no homem, desse medo ao ataque e medo à perda, quando Platão, em Fedra, se preocupa se a escrita, recém-aparecida, não iria prejudicar o desenvolvimento da cultura, porque empanaria a dialética verdadeira da indagação viva da verdade que se fazia mediante o discurso e a conversação. (Mamede-Neves *apud* Nicolaci-da-Costa, 2006, p. 183)

Essas resistências ou adesões a novidades são sempre mais emocionais que racionais, "apaixonadas" na defesa ou na crítica.

No campo do relacionamento, na sequência das cartas e do telefone para namorar, os primeiros contatos virtuais foram também olhados com temor e desconfiança: como é possível namorar pelo computador? Fazer sexo, apaixonar-se, tudo por meio da tela? E todos conhecem casos desastrosos em que pessoas se apaixonavam por um parceiro virtual e, ao se conhecerem presencialmente, sofrem a total decepção, muitas vezes acarretando sérios danos na vida dos envolvidos. Assim, a desconfiança caminhava para a certeza.

Hoje, porém, tem-se que a internet é um local de encontro. Por suas páginas e redes sociais, as pessoas se mostram ao mundo, buscam relacionamentos ou parceiros amorosos. Muitos encontros e relações estáveis se instituem dessa maneira e também muitos desencontros, tal como é a vida. A internet já é, porém, vista e utilizada com naturalidade.

Nas entrevistas que realizei, uma pessoa ressalta que "[...] o encontro virtual é como qualquer encontro inicial, uma apresentação de pessoas interessadas em construir um relacionamento, análogo a conhecer pessoas em um barzinho".

PANO DE FUNDO: O MOMENTO ATUAL

Para ajudar na compreensão das relações amorosas virtuais, é interessante observar o contexto mais amplo, social, em que nos encontramos. A era digital, com sua velocidade de mudanças, com o fluxo rápido e contínuo de informações, nos traz grandes transformações, que se refletem em todos os setores da vida.

Lanço aqui alguns pensamentos e ideias sobre a época em que vivemos, apoiada em autores dessa área.

Há duas fortes tendências atuais, conforme coloca Porto (1999, p. 44), inspirando-se em Berman[3]: *desenvolvimento* e *velocidade*. "A necessidade de constante evolução tornou-se, de certa forma, uma das religiões da modernidade. [...] É cada vez mais fácil e rápido se tornar tradicional e ultrapassado. Poucas coisas resistem ao rolo compressor do desenvolvimento constante."

Desenvolvimento e *velocidade* são a tônica também do mundo virtual, determinando algumas características do relacionamento nessa esfera, discutidas nos tópicos seguintes.

De outro prisma, na dança entre antigo e novo, "somos produtos e protagonistas de uma nova ordem", como nos diz Santos (2008, p. 17), na discussão dos paradigmas emergente e dominante no campo da ciência. Fomos do pensamento racional, das

---

[3]. Filósofo americano e pensador do que é modernidade cuja principal obra é *Tudo que é sólido desmancha no ar*, de 1986.

explicações causais, das leis de controle, para novas concepções de espaço e tempo, para sistemas abertos e incompletos.

Continuando, tomo o pensamento do sociólogo polonês Zygmunt Bauman sobre modernidade líquida. Na profunda transformação pela qual passamos como produto e produtores, mudamos continuamente, sem certezas, já que as antigas concepções não servem para lidarmos com algumas questões da atualidade. Hábitos e conceitos se "liquefazem", se reajustam e se liquefazem novamente. Questionam-se as instituições sociais, as fronteiras, as verdades fixas e generalizadas; convive-se com o desconhecido e incerto, enfatiza-se a multiplicidade de significados.

O campo do relacionamento amoroso é igualmente afetado: inseguros e desamparados, nosso amor também se torna "líquido", com desejos conflitantes de criar laços e, ao mesmo tempo, mantê-los frouxos.

A relação virtual se encaixa muito bem nesse cenário: a aproximação do outro é protegida, gradual. A relação avança com os parceiros resguardados pela tela, talvez chegando a pontos que não atingiria face a face, sempre permeada pelo grande desejo de contato.

Fechando o foco para a subjetividade, tomaremos cuidado com generalizações, a fim de permitir uma "coexistência de formas subjetivas diferentes" (Gonçalves *apud* Nicolaci-da-Costa, 2006, p. 238).

Seguimos aliados ao psicodrama, que, integrando o social com o subjetivo, norteará nossa compreensão. Moreno, antecipadamente alinhado às tendências atuais, valoriza o momento da criação, o inesperado, o surpreendente, muito mais do que a ordem, o instituído, as *conservas* que, à parte seu valor, não devem ser barreiras para a *espontaneidade*. No eixo da *espontaneidade* e *criatividade* naturais do homem, somos coconstrutores da história. Temos as relações como base, o "eu" singular e pluralista em sua multiplicidade de papéis, a ênfase na *criatividade* e em processos de constante coconstrução.

AS FRONTEIRAS ENTRE OS CONTATOS PRESENCIAL E VIRTUAL

Esse eu múltiplo e sem fronteiras o encontramos também na interposição das dimensões real e virtual, observada nos relacionamentos: há um tênue limite entre esses planos e, assim, a interação pode ocorrer simultaneamente com "presentes" e "ausentes", incorporados por celulares ou computadores, fotos e mensagens instantaneamente postadas. Elimina-se a divisão "online" e "offline". A tela se converte em "órgão de visão e sua película divisória de mundos, por assim dizer, torna-se cada vez mais imperceptível à medida que os recursos 'dentro da tela' e 'fora da tela' misturam-se em uso e ato" (Almeida e Eugenio, *apud* Nicolaci-da-Costa, 2006, p. 58).

A ruptura entre real e virtual é característica de investimento subjetivo próprio entre os que cresceram com textos impressos e são habituados à linearidade do tempo.

Podemos então dizer que, hoje, temos uma ampliação do âmbito de contato com o mundo. E, na copresença real e virtual, o computador é instrumento que se incorpora ao relacionamento e fica transparente, aspecto que também depõe a favor da naturalidade das relações virtuais, como vínhamos constatando.

Vale ainda pensar na mudança ocorrida nos *átomos sociais*[4] formando quadros diferentes daqueles anteriores à era digital. A expansividade do *átomo* é imensamente ampliada, pois não se interage apenas com as pessoas conhecidas, mas também com desconhecidos e com muitos, simultânea e independentemente de distâncias geográficas ou culturais. Mais adiante, discutiremos a qualidade dessas relações e a expansividade afetiva.

---

[4]. Conceito do psicodrama que se refere à rede de relações da pessoa, à manifestação das relações a partir da forma como são vivenciadas. Contém diferentes qualidades e características, esclarecidas por Knobel: *status sociométrico* (quantidade e qualidade dos afetos investidos), *expansividade* (número de papéis presentes), *expansividade afetiva* (capacidade de trocas afetivas) e *equilíbrio dos afetos* (Knobel *apud* Costa, 2001, p. 115).

Outro aspecto: hoje a pessoa é sempre "encontrável" pelos computadores e celulares, ainda que nem sempre esteja verdadeiramente disponível para o contato. Há exposição, estimulação e interação constantes, com pouca reserva pessoal.

ALGUMAS PARTICULARIDADES DO RELACIONAMENTO VIRTUAL

Proponho discutir certas facetas observadas nos relacionamentos virtuais, ainda longe de afirmações. Esses aspectos estão todos interligados, um é causa do outro ou nele interfere. A divisão dos temas apresentada pretende apenas facilitar a reflexão.

RELAÇÕES EFÊMERAS

A transitoriedade das relações virtuais é reflexo do momento que vivemos. Em geral, esse tipo de relacionamento não perdura. Começa rapidamente, no mesmo ritmo atinge suposta intimidade e se acaba.

De um lado, a tendência cultural vinda do meio ou da "tela", com excesso de propostas, informações e contatos; de outro, pessoal, o natural desejo de relacionar-se, contraposto ao temor da solidão e da intimidade. Daí a constante busca de relacionamentos, dos quais poucos se mantêm. É como se fosse muito alimento rapidamente ingerido, sem nutrir de fato a necessidade latente, o que impulsiona a novas e repetidas ações no mesmo sentido, como um padrão de comportamento defensivo.

Se temos, então, expansividade no *átomo social*, temos *status* sociométrico ambíguo: grande carga afetiva investida, porém com padrão de comportamento conservado. E, como os afetos tendem ao equilíbrio em seus respectivos átomos, cada pessoa vai se relacionar – escolhendo ou rejeitando – da mesma maneira como sente que os outros fazem com ela.

A tendência ao consumo, à satisfação imediata, ao descartável e ao prazer passageiro se reflete em todos os relacionamentos, mas parece ser mais expressiva no plano virtual. As relações que perduram tendem a caminhar para o contato presencial.

Diz um dos entrevistados: "Não confio em sites de relacionamentos [...] para firmar relacionamentos [...]".

"DELETE"

Ainda que com trânsito natural entre real e virtual, há uma máquina mediando a relação virtual, que pode ser desligada e ligada quando se quiser, interrompendo a relação ou a comunicação a qualquer momento.

Esse aspecto se ajusta ao descompromisso e aponta para ele, visto a seguir, já que é possível se desvencilhar facilmente de relacionamentos que fogem ao esperado, ao desejado ou ao possível controle.

A transitoriedade das relações virtuais tem como aliada a tecla "delete", que permite o controle. Porém, o outro pode também desligar. Não há como fugir do medo, da incerteza, do confronto.

Diz uma entrevistada: "Passado aproximadamente um mês desse relacionamento intenso, os telefonemas acabaram e ele desapareceu da internet repentinamente, da mesma forma que surgiu".

SOLIDÃO

Corta-se um contato, inicia-se outro. Depois outro e mais outro, numa busca, às vezes frenética, por preencher certa sensação de vazio.

A solidão é uma das tônicas dos dias atuais: em consequência de pressa, de massificação, de contatos impessoais e efêmeros, as relações não se aprofundam.

Desamparo, insegurança e receio da intimidade podem levar tanto à solidão quanto ao medo dela, igualmente vivido como falta de vínculos próximos e significativos.

Sempre, porém, buscaremos relacionamentos, pois temos registros profundos de que eles são vitais à nossa existência. Em nossa história humana, "a solidão está ligada essencialmente à morte" (Bustos, 1990, p. 39).

A busca assim motivada pode levar ao risco de contrair um relacionamento simbiótico[5], com vínculos suplementares que criam a ilusão de ser um e de ter, supostamente, o vazio preenchido.

Diz uma entrevistada: "Por algum tempo esse tipo de prática pode suprir carências afetivas, [...]. Mantive um contato virtual com uma pessoa [...]. Houve um encanto mútuo. Ele passou a me ligar várias vezes ao dia, se mostrando apaixonado. Mesmo estranhando esse exagero de sentimento em tão pouco tempo de contato, não pude deixar de me envolver com aquela chuva de carinho".

AMOR À PRIMEIRA TECLADA: IDEALIZAÇÃO

Não é regra, mas há grande probabilidade de se iniciar, por meio da internet, relacionamentos idealizados.

Nesse plano, a busca por um parceiro é, até certo ponto, planejada, direcionada para locais em que há pessoas com perfil compatível com o desejado. Não deixa de ser similar à escolha de ambientes sociais – restaurantes, bares, baladas – conhecidos pela presença de determinada população que os frequenta predominantemente. Um pouco menos espontânea, talvez, jogando menos com o acaso.

Em qualquer relacionamento, o início é o período de sedução: queremos passar nossa melhor e mais interessante imagem. No plano virtual, entretanto, as pessoas podem ir além, postando imagens idealizadas de si mesmas, usando fotos e características selecionadas, ou conversas segmentadas. Apresentam-se compulsoriamente felizes e bem-sucedidas. E o olhar balizador do outro, que em retroalimentação vai moldando as reações, inexiste.

O parceiro, aliás, nem sempre conhece a imediata e *espontânea* reação do outro: via computador, é sempre possível pensar e ensaiar respostas.

---

5. Relação em que não há reconhecimento da existência do outro e das diferenças, com a fantasia de ser um só ser, em plena compreensão e proteção nessa "unidade".

Contribui também para a idealização o fato de que, pela internet, as dificuldades da vida real são minimizadas, não provocando comportamentos menos "encantadores" de nenhum dos lados. O estresse do convívio presencial e a exposição à vida aberta são controlados.

Se idealizada, a relação pode também tornar-se simbiótica, suplementar, uma ilusão de intimidade. Viver junto é "dividir o barco", mas não é a ponte (Bauman, 2004, p. 47). A ponte é o vínculo, que pode aproximar ou distanciar, mas sua presença e consciência caracterizam e discriminam cada pessoa da relação.

Para o relacionamento evoluir, ele precisa, ao lado das delícias da paixão, ter espaço para incluir medos, inseguranças e dores da incerteza. Caso contrário, não tocará verdadeiramente a intimidade nem alimentará verdadeiramente o casal. Viver uma relação idealizada deixará algum incômodo à espreita e tenderá a durar pouco.

Dizem os entrevistados:

- "Não gosto de me relacionar virtualmente por muito tempo, pois acho que isso favorece a construção de uma fantasia idealizada";
- "[...] a pessoa enviava fotos antigas, de quando era magrinha ou mais nova. Mas isso não adiantava, pois quando marcavam de se encontrar pessoalmente não rolava nada e a pessoa ficava constrangida em ter mentido";
- "Nunca se sabe quem está de fato do outro lado da tela, a distância virtual permite que a pessoa apresente um personagem a você, baseando a relação em mentiras. E pode ter pessoas com más intenções, querendo prejudicar..."

E assim vemos outros aspectos presentes: o medo e a desconfiança.

DESCONFIANÇA, DESCOMPROMISSO, MEDO

Nos relacionamentos virtuais vemos que a identidade pode ser escondida ou alterada, com menor implicação pessoal. Talvez pelo medo de um envolvimento profundo, como forma de experimentar sem se comprometer.

Supomos também que, no anonimato permitido pela tela, tudo é possível e, às vezes, em espontaneidade exacerbada, sem adequação[6], a pessoa teste caminhos que jamais adotaria na vida real. Os limites de ética, respeito, consideração e empatia nem sempre estão presentes.

Em consequência disso, surgem a desconfiança e o medo, até conhecer melhor o parceiro.

Algumas colocações das pessoas que entrevistei:

- "Não se iludir. Às vezes encontramos pessoas dignas, carentes e ávidas por um relacionamento, porém é difícil saber se a intenção é realmente essa [...]."
- "[...] Se acho que temos a ver e o cara não vai me colocar no porta-malas do carro, parto logo para um encontro pessoal."
- "[...] todo cuidado é necessário. É possível se divertir, dar um colorido à vida [...], mas sempre com os pés no chão."
- "Com muita cautela sobre informações pessoais até estabelecer uma relação de confiança."
- "Eu o encontrei em local público porque em uma das conversas [...] eu fiquei com medo de que ele fosse perigoso."

COMUNICAÇÃO ESPECÍFICA

Apesar das imagens, a escrita ainda é predominante na esfera virtual. Sua particularidade é a rapidez, certamente na tentativa de se aproximar ao modo como se fala. Para isso, é carregada de abreviações e símbolos específicos que expressam estados emocionais. O

---

[6]. A *adequação* é um dos componentes da *espontaneidade*, indicando que a ação, além de nova, deve ser oportuna e integrada – não submissa à cultura.

domínio desses códigos tende a ser bem-visto, valorizado: fala da atualização da pessoa, de sua familiaridade com o computador.

Em curiosa conclusão de pesquisa, Bárbara Semerene (*apud* Porto, 1999) observa o paradoxo entre criatividade e lugar-comum na comunicação virtual. A criatividade é necessária, pois é preciso linguagem persuasiva para atingir pessoas que se pretende impressionar e nem sempre se conhecem. Como, porém, despertar o interesse de um desconhecido, de quem não se sabem particularidades?

A constatação é de que, apesar da imensa possibilidade de inovações e criatividade que o computador oferece, as pessoas refugiam-se no mais comum e evidente: linguagem de massa e recorrência ao óbvio, como forma de ser aprovadas indistintamente.

SEM TOQUE, SEM CHEIRO: O AMOR NO VIRTUAL

Talvez no futuro seja possível de que todos os sentidos participem do relacionamento virtual. Por ora, no entanto, sensorialmente, esse tipo de vínculo é limitado, se reduz pela falta de experiência do toque e do olho no olho.

Sabemos que a ausência de um sentido e a perda de um canal na comunicação são compensadas por outros. Dessa forma, fala, audição e visão ficam aguçadas, refinadas, apuradas no contato pela internet. Os sinais de comunicação obtidos pelos sentidos presentes concentram toda atenção e garantem eficácia à comunicação (Fernandes, 2009, p. 35).

Discute-se, porém, o grau de intimidade obtido sem o toque, sem o beijo, o abraço, as carícias e também sem o olfato. A sexualidade virtual tem aspectos singulares.

O que desperta a sensualidade? Como é possível que alguém que não está presente desperte emoções e sensações no outro? Ou trata-se de um movimento autoerótico, tal como a excitação sexual diante de uma foto?

Suprindo a ausência do outro,

produzo meu próprio orgasmo vicariamente já que o outro é assumido por mim mesmo. O corpo do outro nunca será conhecido, será apenas criação de minha própria fantasia. Até mesmo a não existência de riscos dá-se justamente pela inexistência do outro, do limite da corporeidade. (Semerene *apud* Porto, 1999, p. 34)

Temos de destacar neste tópico a importância da imaginação. O imaginário de cada um estimula o imaginário do outro e é por ele estimulado. E nisso o sexo virtual difere da foto erótica, na qual modelo e fotógrafo não interagem com o leitor singular.

Mas há uma particularidade, como continua Semerene: "O mundo virtual é tão imaginário quanto o nosso, subjetivo, mas é coletivo e vivenciado por muitos ao mesmo tempo" (*ibidem*, p. 30), o que muda substancialmente nossa ideia de privacidade e intimidade.

Quatro respostas das entrevistas:

- "Não, não dá [para ter intimidade virtualmente]. A intimidade é algo mais pele, respiração, conversa ao pé do ouvido. Mas dá para imaginar, fantasiar."
- "A tal química só se mostra na presença."
- "[O relacionamento virtual] só se sustenta se, futuramente, houver planos de uma união presencial. [...] pela internet, falta o contato."
- "O vínculo se sustenta pela projeção que fazemos [...]. Parece uma conversa conosco. Somente com o encontro [...] é que podemos ter certeza de que existe o outro."

PRIVACIDADE E INTIMIDADE

Desse mundo imaginário compartilhado por muitos, chegamos às questões de intimidade e privacidade.

O privado virou público na era digital. Há superexposição, são tempos de "extimidade": não há divisão entre os planos público e privado. Novamente falamos de fronteiras que se esmaecem. E, ao lado dessa exposição, a busca pela intimidade, o desejo de ser de fato tocado em um relacionamento.

Intimidade, com base na teoria de Bowlby[7] poderia ser definida como

> o compartilhamento do mesmo espaço emocional, em que a pessoa pode sentir-se unida ao outro, sem perder seu sentimento de ser. Ou que, pelo contrário, tem a terrível e desesperadora sensação de solidão na presença do outro; a sensação de que o outro está fisicamente próximo, mas dolorosamente inalcançável. (Campos *apud* Nicolaci-da-Costa, 2006, p. 137)

A busca do mesmo estado emocional parece presente nos relacionamentos virtuais, caracterizada pela constante procura de pontos de identificação, de aprovação e validação, como possibilidade de sentir-se próximo do outro. Esse aspecto também reforça a questão de a comunicação se pautar por uma linguagem genérica, como já afirmamos.

Das entrevistas:

- "Se relacionar pela internet em sites de relacionamento é uma forma de exposição. Portanto, para manter a privacidade é importante usar programas de conversação privados [...]."
- "Sua privacidade só é invadida se quiser. Vídeos pornôs, fotos sensuais não devem ser feitos jamais para um desconhecido [...]."
- "Os contatos frequentes, as conversas longas permitem a intimidade."
- "[...] conversamos muito por escrito, encontramos muitas afinidades e coincidências significativas que nos levaram a marcar encontro em seguida [...]."

INFIDELIDADE E TRAIÇÃO

Se não me encontro presencialmente, estou traindo? Por que conversar virtualmente provoca ciúme?

---

[7]. Psiquiatra britânico, autor da teoria do apego, que, como Moreno, fala da importância do vínculo na estruturação do psiquismo.

Pela internet é possível tão ampla liberdade, sem controle, sem censura, que às vezes torna-se difícil estabelecer ou reconhecer limites.

Claro que cada casal vai definir o que é infidelidade para si. Mas, se validamos o relacionamento virtual, ele entrará na mesma categoria que o presencial quanto aos acordos do casal acerca do que é ou não traição para ambos.

Das entrevistas:

- "[...] é uma porta perigosa que entramos quando não nos sentimos bem dentro do relacionamento [...]."
- "[...] serve como uma fuga 'segura' e é aí que o perigo mora."
- "Parece que estamos protegidos pela tela do computador e, quando menos esperamos, estamos envolvidos."

FOBIA E TIMIDEZ... QUANDO O VIRTUAL AJUDA A APROXIMAR

O relacionamento virtual pode ser sob medida para pessoas tímidas ou com fobia social, pela possibilidade de se aproximar do outro gradativamente, de forma protegida e controlada. É possível aprender, treinar, ir devagar.

Outras situações como grandes distâncias, dificuldades de locomoção ou financeiras e violência dos grandes centros urbanos também se favorecem pela troca virtual.

Relata um dos entrevistados: "No início era extremamente tímido e a internet foi um meio de fazer novas amizades e conhecer pessoas".

ENCONTROS PRESENCIAIS

O encontro presencial parece ser o caminho natural do relacionamento que evolui.

Todos os meus entrevistados consideram que a internet é para conhecer pessoas e, depois, encaminhar-se para o contato pessoal.

Esse encontro presencial, porém, além de esperado, é temido. É o momento de comprovar as impressões causadas em cada um, de ver se o impacto no outro é positivo. É a hora atemorizante da "desidealização", da quebra da onipotência. E também da desejada e amedrontadora intimidade.

Há ainda o receio de ser agredido, enganado, ludibriado por pessoas de caráter duvidoso.

Os entrevistados, falando sobre cuidados com esses encontros e dando recomendações, dizem:

- "Antes de combinar um encontro, avalie bem a pessoa pelas referências que ela dá de si mesma e pelo *feeling* que você tem. Preste atenção a todos os sinais [...]."
- "Somente depois de encontros reais é que se sabe a verdadeira intenção [...]."
- "[...] tome cuidado com as expectativas. Primeiro encontro sempre em local público."
- "Tomar todos os cuidados possíveis, ver fotos, família, fotos com a pessoa presente, mãe, pai, cachorro, papagaio [...]."

COMO SE SUSTENTA O VÍNCULO NÃO PRESENCIAL?

O vínculo não presencial existe desde muito antes da internet. Um exemplo bem comentado é o do compositor Tchaikovskyi, de 1876, que se relacionou por carta durante 14 anos com uma baronesa que foi sua protetora. Eles foram tão íntimos que chegaram a trocar até seis cartas em um único dia.

Como compreendemos relações a distância e com essa força afetiva?

Em trabalho anterior (Fernandes, 2009) propus o vínculo a distância como perpassado por confluência de elementos, aos quais se deve sua efetividade. Teríamos:

- a *imaginação*[8], com seu poder mágico e natural, que transpõe a distância espacial, desfaz a percepção e coloca as pessoas presentes existencialmente no plano virtual, dando sentido e senso convincente a esses encontros;
- a *realidade suplementar*[9], outro ângulo de nossa imaginação, lócus para outras realidades em que podem ocorrer as presenças virtuais;
- a *tele*[10], por meio da qual a relação é coconstruída, com reciprocidades, ainda que sem o encontro presencial;
- o *encontro*, vivência subjetiva que acontece para além das percepções de cada lado da relação, das ideias preconcebidas, ou seja, quando não há nenhum obstáculo se interpondo entre duas pessoas;
- o *coinconsciente*[11] interligando e produzindo sentidos com aspectos que permeiam a relação, nem sempre percebidos, mas contribuindo para dar vida e intensidade às relações virtuais ou aos que vivenciam "intimidade relacional [...] resultando numa interpsique, ou seja, uma rede de sentidos interligados" (Knobel, 2011, p. 142);
- o *ato criativo*, com suas características de *espontaneidade*, surpresa, sensação de irrealidade e originalidade, quebrando a linearidade do tempo.

---

8. Entendida como a faculdade que funda o ser humano, que permite a ele significar a seu modo suas experiências, criando imagens na relação com o mundo e construindo a própria história.

9. Conceito do psicodrama, que se refere a uma dimensão que ultrapassa a realidade social compartilhada.

10. Compreendo a *tele* como um encontro de *espontaneidades* em torno de um projeto dramático comum (Fernandes, 2009, p. 19), com *coconsciente* e *coinconsciente* sempre presentes (Perazzo, 2012, p. 73).

11. *Coinconsciente* seria o inconsciente comum. "É a categoria alcançada nos grupos de íntima e prolongada convivência e supõe uma compenetração tal que a comunicação exclui a palavra e se firma na proximidade, chegando quase ao entendimento telepático" (Garrido-Martín, 1984, p. 203).

AMOR VIRTUAL E PSICOTERAPIA

Os primeiros relacionamentos virtuais que "chegaram" à clínica suscitaram preconceitos e causaram surpresa, estranhamento e dificuldade de adequar nossas técnicas às questões que traziam.

Hoje, ainda que mais comuns e tratados com naturalidade, muito precisaremos avançar para compreendermos seus impactos na subjetividade e lidarmos com seus desdobramentos.

Teremos de nos organizar e nos preparar para atender em espaços virtuais, com outros enquadres, novas técnicas ou novos usos delas.

Precisamos também que nossa legislação acompanhe essas transformações, nos respalde e nos oriente. "Ética, respeito ao ser humano, trabalho competente e outros valores básicos são inegociáveis. Todavia, métodos, práticas e técnicas através dos quais esses valores são atuados podem e devem ser atualizados" (Fernandes, 2009, p. 51).

AMOR NO VIRTUAL: CONCLUSÕES

Os contatos virtuais alimentam a tendência de nossos dias, mas são também frutos dela. Mudam nossa maneira de compreender e contatar o mundo. E podem ou não transformar-se em amor.

A internet é um campo de encontros, de apresentação de pessoas, onde o vínculo começa. É possível que a relação permaneça no plano virtual, mas só vai se sustentar se houver *projeto dramático* comum. Como tendência e desejo, caminha para o encontro presencial e segue como qualquer outro relacionamento. Não há indícios de que o começo via internet tenha significativa influência no decorrer da relação.

No namoro virtual, busca-se um estado de compartilhamento psíquico. Na presença ausente, sem toque, olhar e cheiro, busca-se intimidade procurando despertar no outro um estado psíquico semelhante ao próprio. Nesse compartilhamento, os parceiros sentem-se validados, tocados na intimidade e confortados na solidão. Creio que por essa via se dá o encontro de subjetividades e começa o projeto comum.

Acredito que o amor no virtual se realiza pela intensidade do imaginário, criando uma substituição do "real" sustentada pelo afeto, pelo desejo ou pelo projeto comum. Por trás da tela, com forças psíquicas atuando, o tempo e o espaço ficam deformados, dando a presença e a força do vínculo de amor assim construído.

REFERÊNCIAS BIBLIOGRÁFICAS

BAUMAN, Z. *Amor líquido – Sobre a fragilidade dos laços humanos*. Rio de Janeiro: Zahar, 2004.

BUSTOS, D. M. *Perigo... Amor à vista!* São Paulo: Aleph, 1990.

CARDELLA, B. H. P. *Laços e nós: amor e intimidade nas relações humanas*. São Paulo: Ágora, 2009.

CORRÊA, A. R. M. "Da necessidade de sonhar: as invasões bárbaras". *Revista Brasileira de Psicodrama*, v. 19, n. 2, 2011.

COSTA, R. P. (org.). *Um homem à frente de seu tempo*. São Paulo: Ágora, 2001.

CUKIER, R. *Palavras de Jacob Levy Moreno*. São Paulo: Ágora, 2002.

FERNANDES, E. *Psicodrama por telefone: reflexões sobre uma experiência com psicoterapia por telefone*. Monografia para o título de supervisora, Instituto Sedes Sapientiae, São Paulo, 2009.

FIOCHI, M. A.; LACERDA, M. "A imagem entre a realidade e a ficção". Entrevista com Serge Tisseron. *Continuum – Itaú Cultural*, n. 23, dez. 2007, p. 16-21. Disponível em: <http://www.itaucultural.org.br/bcodemidias/001542.pdf>. Acesso em: 2 ago. 2013.

GARRIDO-MARTÍN, E. *J. L. Moreno: psicologia do encontro*. São Paulo: Duas Cidades, 1984.

HOLMES, J. *Attachment, intimacy, autonomy: using attachment theory in adult psychotherapy*. Londres: Jason Aronson, 1996.

KNOBEL, A. M. A. C. "Coconsciente e coinconsciente no psicodrama". *Revista Brasileira de Psicodrama*, v. 19, n. 2, 2011.

MORENO, J. L. *Quem sobreviverá?* Goiânia: Dimensão, 1992.

_____. *Psicodrama*. São Paulo: Cultrix, 1993.

MORENO, Z. T.; LEIF, D. B.; RUTZEL, T. *A realidade suplementar e a arte de curar*. São Paulo: Ágora, 2000.

NERY, M. P.; CONCEIÇÃO, M. I. G. (orgs.). *Intervenções grupais*. São Paulo: Ágora, 2012.

NICOLACI-DA-COSTA, A. M. *Cabeças digitais: o cotidiano na era da informação*. Rio de Janeiro: EdiPUC, 2006.

NOVAES, A. (org.). *Mutações: ensaios sobre as novas configurações do mundo*. Rio de Janeiro: Agir, 2008.

PERAZZO, S. *Psicodrama: o forro e o avesso*. São Paulo: Ágora, 2010.

PORTO, S. D. *Sexo, afeto e era tecnológica*. Brasília: Editora da UnB, 1999.

SAMPAIO, A. *Amor na internet: quando o virtual cai na real*. Rio de Janeiro: Record, 2002.

SANTIAGO, H. *Amor e desejo*. São Paulo: Martins Fontes, 2011.

SANTOS, B. S. *Um discurso sobre as ciências*. Porto: Edições Afrontamento, 2008.

9. O amor não tem idade

Adelsa Cunha

Trabalhando com o tema de relações amorosas há muitos anos, deparei com situações pessoais e profissionais que me levaram a refletir sobre se há ou não uma especificidade nas relações amorosas entre pessoas maduras e, caso haja, como poderíamos entendê-las dentro da teoria do psicodrama.

O objetivo deste capítulo é, pois, fazer esta reflexão: pensar na relação amorosa na maturidade e entre pessoas maduras e em como podemos compreendê-la teoricamente.

A cena que desencadeou tal reflexão aconteceu num grupo de terapia no qual um dos componentes do grupo, uma mulher de 43 anos, falou de sua dor pela perda de uma relação amorosa com um homem de 74 anos, casado – fato esse que determinou o rompimento da relação. A paciente tece vários comentários a respeito de como a relação era significativa, as conversas profundas e o sexo, o melhor que ela havia tido ao longo da vida. Logo após essa colocação, outro componente do grupo, um psiquiatra de 38 anos, diz: "Mas ainda se faz sexo nessa idade?"

Pus-me a pensar que, se um homem esclarecido como aquele médico tem essa reação diante desse fato, como lidariam os terapeutas com o mesmo tema quando recebem pacientes idosos? Eu mesma, antes de ficar viúva aos 55 anos, estava convicta de que na terceira idade seria praticamente impossível reconstruir uma vida amorosa e, caso se tivesse a sorte de encontrar alguém, certamente esse encontro excluiria o sexo.

E foi assim, por meio das vivências de meus pacientes e das minhas próprias, que tomei a decisão de abordar o tema, tentando com isso fazer que as pessoas e os terapeutas mais jovens pudessem refletir sobre as relações amorosas nessa fase da vida.

Gostaria de esclarecer dois pontos importantes.

O primeiro deles é que durante todo o percurso deste capítulo, o foco de minha reflexão são as relações iniciadas nessa fase do ciclo vital. Os casamentos duradouros certamente incluem muitos dos aspectos aqui desenvolvidos, mas com características que as diferenciam das relações amorosas objeto deste capítulo.

O segundo é que minha visão é inevitavelmente contextualizada, em virtude de não poder dissociar minha subjetividade; e portanto, a minha visão inclui toda a minha condição cultural, social, profissional e vivencial. Lembro-me de um conto que escrevi há alguns anos a respeito de uma menina que tinha de responder a uma pergunta: quantas estrelas há no céu? Depois de muito sofrer na tentativa de contá-las, ela descobre a resposta esperada: o céu tem tantas estrelas quanto cada pessoa pode contar. Ou seja, a visão de todo o "céu" é aquela que é possível enxergar. Assim, embora eu tenha dados de que os processos a seguir mencionados acontecem em diversas classes sociais, não posso me esquivar de destacar que estou falando sobre pessoas maduras, em sua maioria com bom estado de saúde, de classe média e com algum nível de escolaridade. Ressalto isso porque, se a realidade social for absolutamente diversa desta na qual eu vivo, os processos talvez ocorram de forma muito diferente. Mas, embora eu não negue as diferenças, acredito que elas não sejam tão significativas assim e que a busca da confirmação de ser amado, desejado na maturidade, aconteça em todas as classes. Cito como exemplo a situação de dona Margarida: 56 anos, viúva há sete anos, oito filhos, todos já casados, morando todos no mesmo local, porém cada um em sua casa. Ela já teve vários namorados e o atual tem um ano menos que o seu filho caçula. Numa conversa, ela me diz não saber se o rapaz vai se casar com ela, mas não se preocupar com isso. Ela está "curtindo" a relação e se não der certo com esse buscará algum outro.

Bendita dona Margarida, que me anima a continuar refletindo sobre esse tema!

Quando comecei a escrever este capítulo, meu primeiro impasse foi o de nomear essa fase da vida. No dicionário, encontramos que maturidade é a qualidade ou estado de maduro. Idade madura. Estado de pleno desenvolvimento (físico, intelectual, emocional, do estilo etc.).

Partindo dessa conceituação, poderíamos dizer que pessoas maduras são todas aquelas que chegaram a determinada etapa do ciclo vital – a partir dos 35 anos. Ainda pode-se pensar que a tal maturidade só chegaria bem depois dos 60 anos, posto que "estado de pleno desenvolvimento" é um critério difícil de auferir.

Sem dúvida, são diferentes as dinâmicas emocionais vividas por pessoas de 35, 55 ou 65 anos. Diante disso, e como o objetivo de minha reflexão é exatamente as relações amorosas entre pessoas com mais de 50 anos, caí num segundo impasse, uma vez que esse período abrange uma interseção entre o que se chama de meia-idade e de terceira idade.

Fui, então, em busca de nomear de forma mais adequada esse período do ciclo vital e encontrei que: "Um desses períodos da vida humana estudados pela psicologia é a meia-idade, que corresponde ao tempo vivido entre os 40 e os 60 anos. É comum associar-se esse período da vida com turbulências emocionais, a famosa 'crise da meia-idade'" (Scardua, 2011, p. 69).

E, ainda que a terceira idade seja uma etapa da vida, a época em que uma pessoa é enquadrada nessa fase varia conforme a cultura e a sociedade em que vive. Em países classificados como em desenvolvimento, por exemplo, alguém é considerado de terceira idade a partir dos 60 anos. Para outros, somente depois de atingir os 75. Estudos geriátricos da Universidade de Kent, na

Grã-Bretanha, afirmam que a juventude termina aos 35 anos e a terceira idade começa aos 58. Segundo seus autores, os 23 anos entre as duas etapas equivalem ao que os especialistas chamam de meia-idade.

Diante disso, quero ressaltar que durante todo este capítulo utilizarei a terminologia "maduro" para pessoas de ambos os sexos com faixa etária entre 50 e 70 anos. Certamente, as relações amorosas depois dos 70 anos devem ter especificidades próprias, mas não serão objeto da presente reflexão.

É evidente que a população brasileira vem envelhecendo a passos largos e a expectativa de vida subiu em mais de cinco anos na última década (IBGE, censo de 2011[1]). Isso significa que aumenta o número de indivíduos mais velhos ainda ativos profissional, física e afetivamente. Portanto, todo profissional deve estar atento a essa população, até porque é crescente o número de pessoas nessas condições que têm procurado tratamento psicológico, uma vez que a realidade sociocultural do envelhecimento hoje inclui novos parâmetros de relacionamentos, inclusive familiares.

Costa (2012, p. xviii), em seu livro *O desejo envelhece?*, corrobora essa necessidade quando afirma:

> As questões relacionadas à sexualidade no envelhecimento não poderiam ser entendidas de maneira isolada. Percebe-se a necessidade de outro olhar que busque compreender a complexidade desse fenômeno, principalmente em relação ao modo como os valores associados à vida sexual foram construídos ao longo do tempo e de que maneira influenciaram o presente.

É inquestionável que os casamentos não têm sido mais para a vida toda. De modo geral, isso significa que há um aumento número das relações que terminam depois de dois, cinco, dez ou até 20 anos de convivência. Dessa forma, temos uma população de

---

[1]. Disponível em: <http://www.ibge.gov.br/home/estatistica/populacao/tabuadevida/2011/default.shtm>. Acesso em: 1º ago. 2013.

pessoas maduras sozinhas, seja porque nunca se casaram, seja porque se divorciaram ou ficaram viúvas e, portanto, estão abertas a novas possibilidades. Contudo, o que buscam tais pessoas? A grande maioria está longe da visão romântica de relação amorosa, na qual a tampa da panela, a metade da laranja deve ser encontrada. Tais pessoas, em sua maioria, já se realizaram profissionalmente ou têm uma profissão definida – e alguns, no exato momento em que se aproximam da aposentadoria, sentem-se animados a iniciar novas atividades profissionais.

O que quero dizer é que uma das características dessa fase é que as pessoas já resolveram determinadas questões: já se casaram, tiveram filhos, construíram um patrimônio e firmaram uma carreira profissional. Mesmo aqueles que ficaram solteiros e não passaram pela experiência de um casamento já abriram mão de viver tais coisas (casar ou ter filhos). Por isso, as relações amorosas estabelecidas a partir daí não têm, necessariamente, o objetivo de construir uma vida a dois, uma família ou patrimônio. Busca-se simplesmente um companheiro para partilhar a vida.

Na verdade, a busca do amor é uma constante na vida, como comprovam os vários capítulos deste livro. Todos nós buscamos o olhar confirmador do outro. Psicodramatista que sou, acredito piamente que a identidade se constitui dos vínculos estabelecidos, vivenciados, e da forma como eles são internalizados. Portanto, o olhar do outro é um dos principais elementos na formação de nossa identidade.

Assim, em cada etapa do ciclo vital, esse olhar confirmador do outro, que me faz sentir amado, desejado, valorizado, tem uma função, visa a determinado objetivo.

Quando falamos em relações amorosas na maturidade, referimo-nos a pessoas que em geral têm estabilidade pessoal, profissional e financeira, mas ainda sentem vontade de sonhar, de aproveitar a vida. Se a solidão se instala – seja pela perda de um companheiro, seja pelo fato de ele nunca ter existido –, não se pode mais ter a ilusão de que o poder de sedução, a atração física serão o grande trunfo com o qual se conta. Por mais que hoje as pessoas tenham consciência de que é preciso cuidar da mente e do corpo e se exercitem, cuidem da alimentação etc., o efeito do tempo é inevitável e, ainda que a cirurgia plástica faça milagres, nenhum homem ou mulher de 50 anos terá o viço, a jovialidade e o tônus muscular de uma pessoa de 20 anos.

Dessa forma, se tais pessoas percebem que a maior parte da vida já passou e que se realizaram em vários aspectos da vida, se estão sozinhas e desejam encontrar um novo parceiro, terão de enfrentar alguns aspectos dessa realidade. O primeiro deles é exatamente o de não poder contar só com a beleza física, posto que, a essa altura, ela não tem mais o mesmo peso. Em segundo, especialmente no caso das mulheres, a probabilidade de encontrar um parceiro diminui sobremaneira, pois a proporção de homens é significativamente menor. Em terceiro, a relação estabelecida a partir de agora tem objetivos e critérios diferentes daquelas estabelecidas em outras etapas da vida. Se não vamos construir família nem patrimônio, e se também não mais acreditamos no amor romântico, por que buscar um novo amor? Apenas para fugir da solidão?

Enganam-se os que pensam ser tal busca amorosa somente isso. Viveremos sempre procurando a confirmação de que somos merecedores de amor porque, como já vimos, precisamos do olhar do outro. Quando faço tal afirmação, tenho clareza de que essa necessidade varia de pessoa a pessoa. Para alguns, ela pode ser atendida buscando um novo olhar confirmador. Para outros, por meio das lembranças do olhar que existiu um dia; alguns tentarão preenchê-la com o olhar confirmador em outros papéis da vida, posto que ele aparece em diversos vínculos que estabelecemos. Em situações mais extremas, alguns indivíduos buscam suprir tal necessidade por meio do sentimento de ser imprescindível, sobretudo para os filhos, que a essa altura já estão adultos. Todavia, para muitos, essa necessidade busca satisfação na esperança de conquistar um novo amor.

Nas palavras de Wilson Castello de Almeida (2012, p. 30),

ao amor entre pessoas precedem o enamoramento e o idílio, atravessados muitas vezes pela paixão, para chegar ao sexual. A cultura, entendida ora como civilização, ora como o conjunto de etnias, lugares e costumes, tem peso considerável sobre os encontros sexuais – o que pode ser pesquisado em rica bibliografia de estudos antropológicos. [...] Muito se confunde o amor-sentimento com a simples sensação do prazer erógeno. Por isso se diz "fazer amor" como sinônimo de "fazer sexo". Erótico é aquilo da natureza humana que promove o interesse e a excitação sexuais e a qualidade dos influxos amorosos, em todas as suas repercussões: corporais e espirituais. O adjetivo advém do substantivo "Eros", que é o conjunto de pulsões de vida. Eros é o deus da vida e do amor. As mais puras amizades e as mais virtuosas admirações humanas também se assentam sobre a vitalidade de Eros, e não apenas no sexo.

Há os flertes, o frio na barriga, as frustrações com as paixões não correspondidas. Há também o sexo – e, acreditem, pode ser dos bons. A possibilidade de realização sexual independente da afetiva sempre existe. Não podemos deixar de assinalar que a ciência em muito tem contribuído para a realidade atual. Hoje é frequente mulheres de 70 anos com vida sexual ativa, sem as queixas – tão comuns em décadas passadas – de falta de libido ou de secura vaginal. Da mesma forma, os homens obtêm um desempenho sexual muito melhor, pois além de cuidarem mais de si mesmos contam, quando necessário, com medicamentos que permitem manter a sexualidade como enorme fonte de prazer.

Portanto, acho importante levar em consideração que o prazer sexual ou erótico pode ser alcançado com muito mais alternativas do que a relação sexual tradicional. Já ouvi de pacientes que, quando as ereções não são tão frequentes e duradouras, descobrem-se inúmeras outras possibilidades de prazer, até então desconhecidas. De igual modo, algumas pacientes afirmam estar experimentando nesse momento de vida a descoberta de um sexo mais prazeroso, já que os atuais parceiros estão mais predispostos a explorar todas as possibilidades de estimulação erótica.

É preciso aceitar que a vida na maturidade ainda tem uma pujança e energia que permite o sonhar, o desejar e o reconstruir, reconstrução que inclui estabelecer novas parcerias amorosas.

Não quero dizer com isso que a vida amorosa e sexual na maturidade é simples e fácil. Não estou aqui fazendo a apologia de que todos seremos felizes e ativos sexualmente na maturidade. Encontrar um parceiro, em qualquer etapa do ciclo vital, envolve muitas variáveis. Estar disponível para vincular-se é bem mais complexo do que o desejo de ter companhia. E achar um parceiro por quem se tenha atração e também afinidades, valores e projetos semelhantes e que ainda possa ser admirado é algo tão complicado quanto o velho ditado de "achar uma agulha num palheiro".

Apenas defendo a importância de rever o preconceito sutilmente estabelecido que nos leva a todos, inclusive aos profissionais de saúde, a acreditar que os mais velhos perdem o desejo sexual-afetivo. Só assim seremos capazes de legitimar o fato de que a busca do vínculo amoroso e sexual pode existir por muito tempo na vida, independentemente da idade cronológica.

Acabei de dizer que o jogo amoroso na maturidade é similar ao de outras épocas da vida. Uma paciente de 64 anos, divorciada depois de 38 anos de casamento, ao viver um envolvimento amoroso me conta, surpresa, como é bom sentir-se como uma adolescente. Falou-me da sensação de frio no estômago enquanto esperava o telefonema do amado, das fantasias antecipatórias do jantar que teriam etc. Obviamente, ela também vivenciava os temores e inseguranças típicos de qualquer paixão.

Mas, passada a fase da conquista, a vida em comum se instala, e é aí que as especificidades dos relacionamentos nessa fase da vida tornam-se mais evidentes.

E quais, seriam, então, essas especificidades?

Em primeiro lugar, ressalte-se que não há necessidade de definições. É possível namorar sem definir nada. Pode-se namorar hoje, por algum tempo, por longos meses, sem a cobrança de casamento. Até porque, depois de certa idade, não há mais expectativas definidas a ser atendidas. Em geral, as pessoas já têm uma vida própria estabelecida e o companheiro tem a clara função de complementar a área afetiva e sexual, sem outras obrigações adjacentes. Além disso, socialmente tais pessoas já têm definido um estado civil – solteiro, divorciado, viúvo – e não há cobrança de que isso se altere. Na verdade, penso que as pessoas nem esperam mais essa mudança, exatamente pela visão preconcebida de que depois de certa idade não se precisa mais de parceiros.

Em consequência disso, podemos nomear a segunda característica: a liberdade presente em tais relações. Não há necessariamente um projeto em comum, salvo o de aproveitar o tempo que ainda resta; ser cúmplices nas dores e nas alegrias um do outro. A vida econômica de ambos, na maior parte das vezes, é distinta, o que permite acordos claros quanto a quem paga o quê, o que se divide etc. sem os melindres usuais em fases anteriores da vida.

Os filhos compõem um capítulo importante nessas relações. Via de regra, já estão crescidos ou ao menos adolescendo; dessa forma, é mais fácil mantê-los no espaço restrito da convivência social inerente a "conhecer" o/a namorado/a do pai/da mãe. Não precisam gostar deles, pois não terão de conviver com eles. Assim, embora em muitos casais essa convivência seja extremamente produtiva e se criem verdadeiros laços de afeto, a grande diferença aqui é que as pessoas maduras lidam com mais serenidade com a divisão de tempo inerente aos diferentes papéis que exercem na vida. Aliás, quem já viveu sozinho sente o desejo de ficar só e, assim, não escraviza o parceiro em exigências fúteis. Cada um pode ter seu tempo livre para viver do modo que mais lhe convier, sem que isso represente abandono ou ameaça ao parceiro.

Se não precisam ter filhos nem construir uma vida em comum, a liberdade se instala de forma mais positiva. As pessoas estão juntas porque querem. Não sabem exatamente por quanto tempo – e, mesmo que desejem que seja por toda a vida, elas sabem que toda a vida pode ser apenas um mês, um ano ou mesmo uma semana. Ninguém tem mais receio de uma gravidez indesejada e, caso ainda exista essa possibilidade, certamente todos sabem muito bem como evitar que isso aconteça. Conceitos morais do tipo certo ou errado, feio ou indecente têm um peso muito menor, posto que a essa altura da vida a maioria das pessoas já conseguiu uma autonomia em relação à exigência social. Assim, os casais maduros podem se amar pelo simples desejo que sentem um pelo outro.

Outra coisa significativa é que muitos desses casais concordam com a máxima, em geral usada como brincadeira, de que "calcinha ou cueca só em cima da cadeira". Ou seja, na maioria das vezes eles optam por morar em casas separadas e alternam os pontos de encontro. Por vezes, passam os dias de semana cada um em sua residência e os finais de semana juntos, na casa de um deles. Alguns chegam a ter apartamento ou casa de veraneio em comum, para finais de semana e férias, e residências individuais para o restante do tempo.

Festas familiares como Natal, Dia das Mães e Páscoa não costumam provocar atritos, posto que podem ser definidos de um modo a cada ano, de acordo com a conveniência dos dois, sem que isso represente um campo de batalha.

Outro fator que também pode ter características próprias é o papel profissional, que já está definido, estando muitos dos indivíduos já aposentados. Isso significa que grandes transformações, como transferências por motivos de trabalho, estão praticamente excluídas. Além disso, existe estabilidade financeira, uma vez que os aposentados sabem exatamente com quanto podem viver. Ainda que muitos se mantenham ativos profissionalmente, via de regra, já passaram da fase de ambicionar cargos e promoções; visam acumular patrimônio para o futuro. Manter-se útil e ativo é preferível a provar qualquer coisa a si mesmo ou a outrem. Se apenas um dos parceiros trabalha, se ambos ainda trabalham ou já estão aposentados, isso tudo pode ser vivido sem as angústias e pressões tão fortes em outras épocas da vida. Exatamente porque eles não são necessariamente casados! São pessoas independentes que se encontraram na maturidade e estabeleceram uma relação amorosa quando já eram quem são. Já tinham a própria vida, a própria família, a própria profissão. Portanto, a fantasia de que "vou transformar o outro, de que ele será ou viverá como eu sonho" perde em muito a energia.

Em resumo, as relações amorosas estabelecidas na maturidade são aquelas que mais se aproximam de como deveriam ser todas as relações amorosas: simétricas.

Depois da constatação de que as relações amorosas na maturidade acontecem, incluem a sexualidade e têm características próprias, vi-me diante da tarefa de tentar entendê-las dentro da teoria do psicodrama. Minha primeira conclusão é a de que em tais relações a simetria vincular é absolutamente necessária, viável, possível.

Por definição, o papel de amantes (no sentido de seres que amam) é simétrico. Entretanto, em nossa cultura, tal papel inúmeras vezes é vivido como assimétrico. E, quando a assimetria vincular se instala, o vínculo fica contaminado com os aspectos inerentes a essa assimetria, denunciando que alguém tem um maior poder relacional. Criam-se assim as diversas formas de assimetria vincular tão conhecidas nos casamentos: cuidador/cuidado, quem manda/quem obedece, autônomo/dependente etc.[2]

---

[2]. Simetria vincular é um conceito utilizado no psicodrama que diz respeito à responsabilidade de cada uma das pessoas envolvidas num vínculo. Chamamos de simétricos os vínculos nos quais ambas as partes que os compõem respondem, de forma igualitária, pela manutenção da relação, não havendo maior poder de decisão ou de influência em um dos componentes vinculares. Chamamos de vínculos assimétricos aqueles nos quais uma das partes da cadeia vincular tem maior responsabilidade na manutenção do vínculo. Em geral, os vínculos simétricos têm uma denominação comum, por exemplo, amigos, amantes, vizinhos. Já os vínculos assimétricos são nomeados com duas palavras: pai-filho, professor-aluno, terapeuta-cliente (para mais informações, ver Bustos, 2001, e Menegazzo, Zuretti e Tomasini, 1992, entre outros).

Indo além da questão da simetria vincular, penso que tais relações são vividas com uma dinâmica psíquica específica, que poderíamos denominar "fraterna", pois inclui a percepção de que estamos no mundo para dividir as possibilidades entre iguais. Podemos compartilhar nossas experiências buscando o enriquecimento recíproco. Isso significa, na prática, ter a clara consciência de que o outro, meu par, não tem de cuidar de mim, de ser provedor ou de manter comigo qualquer outra obrigação. Estamos em igualdade de condições e sabemos que podemos dar conta de nós mesmos sozinhos.

No entanto, optamos por confiar um no outro – para tornar a vida mais gostosa, gratificante, plena, não porque disso dependemos. Defendo ainda que todos os casamentos deveriam ser assim, mas reconheço que estamos longe de conquistar tal dinâmica – embora não possamos negar que as relações evoluíram muito nas últimas décadas, já não sendo tão comuns os modelos rígidos do homem que manda e da mulher que obedece.

Não podemos negar que em nossa cultura, embora as relações de casal sejam, por definição, relações entre pares, elas acabam tendo características de relações assimétricas.

Para melhor entender essa questão, precisamos ter claro que nós nos relacionamos sempre por meio de papéis. Ou seja, nunca é a minha essência, minha pessoa inteira que se relaciona. Todo relacionamento ocorre mediante um papel. Segundo Moreno (1988, p. 206), o papel

> [...] pode ser definido como as formas reais e tangíveis que o eu adota. Eu, ego, personalidade, personagem etc. são efeitos acumulados, hipóteses heurísticas. Postulados metapsicológicos, "logoides". O papel é uma cristalização final de todas as situações numa área especial de operações por que o indivíduo passou.

Isso significa dizer que todo papel tem um aspecto coletivo e outro privado. No meu exercício profissional, por exemplo, quando estou desempenhando o papel de psicoterapeuta, carrego todas as vivências que tive desde a minha formação, os modelos internalizados dos meus supervisores, terapeutas, mas também o meu modo único de ser. Essa é a grandiosidade do ser humano, pois cada um de nós é singular. Mas, se nos relacionamos por meio de papéis e se todo papel carrega aspectos coletivos e individuais, também temos de considerar que experiências anteriores são transferidas para os papéis desempenhados no momento atual. Moreno (1988, p. 175) definiu esse processo da seguinte forma:

> Os papéis não funcionam isolados; ao contrário, eles tendem a formar clusters (cachos). Há uma transferência (espontaneidade) desde papéis não atuados (*unenacted roles*) aos que são atuados no presente. Esta influência chama-se efeito cluster[3].

Isso quer dizer que, de acordo com a dinâmica predominante em certo momento, o papel será atuado com características específicas de determinado *cluster* de papel, porque cada um deles sintetiza uma dinâmica específica e essencial ao desenvolvimento humano. Refletindo sobre como se fazem os agrupamentos de papéis, Bustos (2001, p. 151) diz:

> [...] quando Moreno diz que os papéis interagem suas experiências, diz que esses se agrupam segundo uma certa dinâmica. Minha pergunta foi: como se agrupam as ramificações? Tomando como referência a ordem evolutiva, podemos pensar que em cada período o bebê incorpora experiências que vão influir fortemente em seu futuro desenvolvimento. Sob esse ponto de vista podemos dividir esta aprendizagem em três grandes grupos.

Assim temos que os papéis podem ser agrupados em três grandes grupos, seguindo três dinâmicas essenciais.

---

3. Optei por utilizar o termo em inglês "*clusters*" para manter a denominação usada por Dalmiro M. Bustos que é comumente aceita, ressalvando que o termo em português seria "cacho de papéis" (conforme Menegazzo, Zuretti e Tomasini, 1992, p. 41).

- *Cluster* 1 – Materno: oriundo do primeiro vínculo estabelecido entre mãe e bebê, cuja dinâmica essencial é o acolhimento, configura a forma como se lida com a dependência e com as vulnerabilidades.
- *Cluster* 2 – Paterno: advém do vínculo com a figura paterna e tem como dinâmica essencial a busca de autonomia, saber nomear e ir atrás do seu objetivo. Aqui se instala a capacidade de andar com as próprias pernas e saber conquistar tudo de que se necessita.
- *Cluster* 3 – Fraterno: constituído com base nos vínculos com os iguais, em geral irmãos, pode ser vivenciado com pares iguais: colegas, irmãos, primos... A dinâmica essencial desse cacho é aprender a dividir o mundo com os iguais, instalando-se fundamentalmente três dinâmicas: competir, rivalizar e compartilhar.

Quero ressaltar a importância que vejo nas relações amorosas constituídas na maturidade, pois penso que nessa fase o papel de amante/ser que ama já não tem a mesma carga que em outras etapas do ciclo vital, podendo portanto ser desempenhado mais facilmente com características e dinâmica de *cluster* 3, em que o outro é um igual, com quem posso compartilhar e não de quem necessariamente eu dependo.

Se as relações de casal acabam funcionando predominantemente com dinâmicas vinculares típicas dos primeiros cachos de papéis, nas relações amorosas na maturidade isso tende a acontecer de forma diferente. O ser amado pode ser visto como alguém que me acrescenta, que me entende, que divide comigo o mundo tendo os mesmos direitos e deveres, e não como alguém a quem tenho de me submeter ou de submeter a mim.

É importante destacar que o desejo de ser amado permanece ativo, quiçá por toda a vida. Aquilo que as pessoas conseguem realizar ou não na maturidade é muito mais consequência do investimento que elas fizeram ao longo da vida, já que conquistar e manter uma relação amorosa, em qualquer ponto do ciclo vital, é um enorme desafio, ainda mais em tempos em que é preciso promover um bom equilíbrio entre a conjugalidade e a individualidade. E essa é uma tarefa que nos exige coragem para enfrentar novos desafios, encarar nossos preconceitos e aceitar as mudanças.

Se chegar à maturidade tem prejuízos, no que toca a novos relacionamentos amorosos chegar a essa etapa pode ser a possibilidade de vivenciar o amor, o olhar confirmador de alguém que me ama, me escolhe, me admira, me deseja de forma muito mais verdadeira, posto que ter o amor do outro e a ele dedicar o meu afeto é uma escolha daquele meu momento de vida e não uma necessidade a ser atendida. Uma escolha de compartilhar a vida de cada dia como nós façamos merecer um ao outro.

REFERÊNCIAS BIBLIOGRÁFICAS

ALMEIDA, W. C. de. *Rodapés psicodramáticos: subsídios para ampliar a leitura de J. L. Moreno*. São Paulo: Ágora, 2012.
BUSTOS, D. M. *Perigo... Amor à vista!* São Paulo: Aleph, 2001.
COSTA, A. C. O. *O desejo envelhece?* São Paulo: Manole, 2012.
MENEGAZZO, C. M.; ZURETTI, M. M.; TOMASINI, M. A. (orgs.). *Dicionário de psicodrama e sociodrama*. São Paulo: Ágora, 1992.
MORENO, J. L. *Psicodrama*. São Paulo: Cultrix, 1988.
SCARDUA, A. C. "Os sentidos da felicidade". 27 set. 2011. Disponível em: <http://angelitascardua.wordpress.com/2011/09/27/crise-da-meia-idade-e-felicidade/>. Acesso em: 14 ago. 2013.

10. A dor da separação amorosa: amor e sofrimento

Carlos Calvente

> *No coração havia o espinho de uma paixão,*
> *consegui arrancá-la um dia: já não sinto o coração.*
> Antonio Machado, *Soledades*

INTRODUÇÃO

Agradeço aos organizadores, Adelsa Cunha e Carlos Roberto, o convite para participar neste que eu gostaria de chamar *banquete*. A referência é a *O banquete* de Platão, citação obrigatória do pensamento grego no qual logo depois do almoço desenvolve-se o simpósio sobre Eros. Este consiste em uma reunião de oradores qualificados que bebem e discutem filosoficamente sobre um tema proposto pelo comensal designado como encarregado do debate. Em *O banquete* de Platão (existem outros banquetes), o tema proposto por Fedro é homenagear Eros.

Esquecendo alguma diferença, como a mansão de Ágaton onde ocorre o simpósio, com seus escravos e criados que serviam libações, e a ausência de Sócrates, Alcibíades ou Aristófanes, retomar um simpósio sobre o amor 2.500 anos depois me pareceu uma excelente proposta.

Ocupar-me do sofrimento relacionado às vicissitudes do amor soou-me complexo a princípio, mas depois de um pequeno pensar acabou sendo estimulante lembrar os versos de Machado onde aparece em uma bela síntese: o espinho da paixão (dor) junto à condição para sentir o coração (amor). O poeta acaba esses versos dizendo: "Espinho dourado agudo, quem pudesse te sentir, no coração encravado". Saudades dessa dor de amor.

É a minha intenção poder refletir sobre tudo isso.

Nos discursos de *O banquete*, aparecem os matizes do amor. Fala-se lá de Urânia, Eros, Afrodite, Ágape e Philos para registrar os afetos e os sentimentos envoltos. Meu olhar orientar-se-á para como esses matizes são encarnados naqueles que entram em contato comigo à procura de compreensão e alívio.

EXPERIÊNCIAS

Essas experiências começaram quando eu estava prestes a terminar minha formação como médico, momento em que participava regularmente, uma vez por semana, durante 24 horas, do Serviço de Plantão de Emergência de um grande hospital-escola.

Chegavam ao plantão todo tipo de emergências, sendo a grande maioria composta de vítimas de acidentes. Porém, havia outros casos, entre eles se destacando as tentativas de suicídio – que naquela época, há mais de 40 anos, era usual entre as moças jovens que perdiam uma relação amorosa ou eram abandonadas ou ameaçadas de sê-lo. Num ambiente em que o ato cirúrgico era soberano – mais do que justificado, posto que efetivamente havia acidentados graves –, vocês podem imaginar como eram vistos os estados de choque traumáticos e hipovolêmicos. Essas outras urgências (algumas graves) eram um transtorno, sendo etiquetadas como trabalho "histérico". Seguia-se uma rotina de lavagem estomacal mais como castigo, para que não tentassem fazer isso outra vez, do que como prevenção, pois em alguns casos já se haviam passado várias horas e o procedimento era desnecessário. Depois as suicidas eram enviadas à área de observação e controle em alguma das camas do Serviço. Como demonstrei interesse no acompanhamento desses casos, passei a ser o responsável por eles, já que não havia outros profissionais querendo disputar comigo.

As tentativas nunca passaram desse ponto, pelo menos os casos que pude acompanhar ao longo de quatro anos – foram aproximadamente 12 –, e tudo era devido prioritariamente à ingestão de barbitúricos de ação intermediária que provocam sono profundo de dez a 30 horas, dependendo da quantidade ingerida e da estatura física das pacientes.

O tratamento consistia em manter a hidratação e aplicar um "antídoto", de cujo nome não me lembro, que não era muito eficaz, mas era o que havia.

Acompanhei entre elas alguns casos de ingestão de veneno para formiga, que, mesmo não sendo fatais, deixavam sequelas penosas, como queda do cabelo e das unhas.

A sala de plantão não dispunha de muitas camas, menos ainda para esse tipo de paciente. De tal forma que, quando o quadro geral se estabilizava um pouco, elas eram encaminhadas à sala geral. Quando os casos eram mais graves – e estes certamente sempre existiram –, eu os acompanhava durante o meu plantão e depois era substituído pelos novos plantonistas.

Na verdade, eu não estava treinado para fazer muito mais; mas o fato de tentar conhecer suas histórias e motivações era para mim algo muito atrativo – o que acabou gerando um pouco de gozação por parte dos mais velhos, que viam nesse interesse intenções de conquista.

Como afirmei, eu não tinha formação, muito menos possibilidade de dar seguimento aos casos. Em geral, as enviava ao psiquiatra do hospital ou elas recebiam alta.

Posso garantir que nunca senti rejeição, como acontecia com a maioria, por supostas formas de manejo. Mesmo quando houve algo disso, era dor o que eu mais sentia, estando ela sempre presente.

Foram essas as minhas primeiras incursões profissionais pelo amor e pelo sofrimento. Poderia propô-lo como o sofrimento pela falta de amor. Também poderia ser o desencontro do que se supôs ser amor.

Morrer de amor? Morrer por amor? Morrer por falta de amor?

Eu é que devo reconhecimento àquelas jovens que me ajudaram na procura de respostas para essas perguntas. Anos depois, vim a encontrar um nome para o estado de ânimo que atravessavam aquelas jovens: "colapso narcisista", o que veremos mais adiante.

Seguindo meu aquecimento no tema, penso num paciente, vejo sua figura: Rafael. Ele tem pouco mais de 50 anos, foi encaminhado por seu alergologista (com quem se trata há muito tempo) e me confessa, quase com pudor, que vem se consultar, buscar ajuda, porque quer ser feliz. Está separado há pouco menos de três anos e tem um filho de 13 anos com quem tem boa relação. Atualmente, a relação com sua ex-mulher, a mãe do seu filho, é aceitável. Isso depois de um período muito tumultuado, posto que ela não entendia o pedido de separação; separação que foi proposta e executada por ele.

Rafael é um profissional que chegou a empresário, não tem problemas econômicos nem de saúde física, relaciona-se bem com as pessoas. Tem amigos. Reconhece-se mais de ação do que de reflexão. Quando precisa decidir algo, tende a se confundir; é muito difícil para ele pensar, acaba solucionando por impulso, o que tem como consequência uma sensação de dúvida.

Dúvida essa que aparece em suas indagações sobre a separação; pensa que talvez devesse voltar para a ex-mulher, mas teme se arrepender dessa atitude. Aceita que a questão é mais complexa e não passa somente pela decisão correta. Em suas palavras:

> Acho, doutor, que o que acontece é que nunca estive enamorado. Dolores, a mãe do meu filho, era uma companheira muito boa, mas eu não estava apaixonado. Perto dos meus 50 anos comecei a questionar-me. Só isso! Tenho meu trabalho, minha empresa, meu filho, minha casa, mas não sou feliz. Eu não podia acreditar que isso fosse tudo. Penso que me separei para procurar a mulher que me faria feliz. Tenho me relacionado com várias mulheres, passa o tempo e acabo sempre descobrindo que falta alguma coisa. Devo me resignar? É possível não me apaixonar?

Penso nesse Rafael que sente, que sofre por não encontrar o amor da sua vida. É comovente, por causa do contraste com esse tempo de aparentes "amores líquidos," que alguém "bem-sucedido" sinta a necessidade de um amor romântico. Penso no Rafael habitado por um adolescente buscando o amor, adolescente que, supostamente, já não existe. No meu foro interno, lembro-me de que a idealização também faz parte do narcisismo.

Agora, vem à minha mente trazer alguém mais ao simpósio, que para mim é como o paradigma do sofrimento por amor. Falo de Raquel, que atualmente deve estar pelos 70 anos. Filha caçula de uma família de muitos irmãos, cujos pais, imigrantes muito apegados à família, eram já velhos quando ela nasceu, imagino que foi uma surpresa, pois havia alguns anos de diferença entre ela e o seu irmão imediato anterior. Isso lhe dava um lugar especial na família, particularmente com seu pai-avô.

Conheceu, eu diria desde sempre, Osvaldo, curiosamente também o caçula de uma família de imigrantes de uma região próxima e numerosa que era de muito apego familiar. Começaram um namoro formal quando ela tinha em torno de 18 anos e ele, 19. Osvaldo se formou em atividades vinculadas à arquitetura e à engenharia, mas sua paixão era a música.

Raquel completou a formação básica e não fez nenhuma preparação especial. Era um casal de novela: jovens, alegres, com muitos irmãos e sobrinhos que os motivavam e talvez os invejassem. Por serem os filhos caçulas de famílias numerosas e de ambiente rural, com irmãos mais velhos já casados, o casamento foi algo mítico, o auge na vida daquelas duas famílias de imigrantes chegadas havia muitos anos antes da velha Europa.

Em razão de melhores oportunidades de trabalho, instalaram-se em uma cidade próxima, mas muito maior.

Depois dos primeiros anos, Osvaldo dedicou-se cada vez mais à música – área em que melhor se destacava. Formou seu grupo e foi suficientemente bem-sucedido, o que lhe permitiu deixar as demais atividades profissionais. Também desenvolveu, nesse meio, um lado empresarial, de modo que não só atuava, mas também organizava e representava outros artistas, chegando a montar seu negócio. Paralelamente, Raquel, na sua nova vida, dedicava-se a amar Osvaldo e a cuidar da sua casa e dos filhos: primeiro uma menina e depois um menino.

Por mais de dez anos viveram assim. Osvaldo cada vez mais na noite e muito atraído por esse mundo de reuniões, música e empresas ligadas a essa atividade. Pareceu tornar-se evidente que cada vez mais viviam e se interessavam por coisas diferentes.

Raquel pouco se interessava pelas reuniões quase boêmias, pela moda, pelas festas. O que a atraía eram os filhos, seus irmãos, seus sobrinhos, o mundo onde havia crescido e a continha. Bem que Osvaldo tentou incluí-la em seu novo ciclo de amizades, nos seus interesses e em seus gostos, mas não obteve sucesso.

Em função das suas atividades, Osvaldo começou a viajar e cada vez dormia menos em casa. Quando lá estava, era efetivamente para ver os filhos. Aos poucos, foi ficando notório que quando não dormia em casa ele não o fazia sozinho.

Ninguém duvidava de que Raquel já não era prioridade na vida de Osvaldo. Ninguém exceto ela! Por essa razão, quando Osvaldo propôs a separação – que era a última coisa que Raquel teria imaginado –, ela teve um choque, pois acreditava que o amor era incondicional.

Decorreram, pois, episódios penosos. Como Osvaldo queria concretizar a separação e já tinha outros planos e Raquel não consentia, o advogado sugeriu uma estratégia. Enviou um jovem à casa de Raquel, sob o pretexto de fazer um conserto e obteve acesso à casa dela. Posteriormente, apareceu o advogado com um escrivão imputando adultério, pois o jovem apareceu seminu. Com semelhante argumento, o divórcio foi concretizado.

Alguns anos mais tarde, falando com Raquel, ela me confessou que se Osvaldo voltasse ela o aceitaria novamente e retomaria a relação.

Atualmente, seus filhos são profissionais casados. Raquel é avó, mas continua na mesma casa, conserva a mesma cama e a maioria do que foi seu lar. Já padeceu de algumas doenças, uma delas crônica, que afetou a sua visão. Talvez, na intimidade, sinta que sem Osvaldo não existem muitas coisas para ver.

Quando tenho oportunidade, interesso-me por Raquel e por sua sorte, e também por Osvaldo, talvez porque isso gere em mim uma tensão entre dois dos meus personagens internos: o poeta e o terapeuta. O poeta se comove e comemora a persistência desse amor sem destino, aquele espinho dourado que Raquel não conseguiu arrancar para continuar sentindo o coração. O terapeuta também fica comovido pelo que entende como a impossibilidade de reparar a ferida e elaborar o luto. Penso que nenhum dos dois conseguiu aceitar as mudanças e ambos persistiram em um tempo mítico que terminara havia muito tempo. Quero esclarecer que a minha relação com ambos sempre foi social, nunca psicoterapêutica.

Até aqui comentei algumas das vivências que foram atualizadas com o tema.

Passarei agora a propor aproximações conceituais com a finalidade de compreendê-las e enquadrá-las em uma abordagem terapêutica.

UM OLHAR SOBRE AS RELAÇÕES

Somos consequência e expressão de uma relação e de suas circunstâncias ou, como dizemos agora, de um contexto.

Para Winnicott, não existe tal coisa com um bebê. Existe um bebê e sua mãe, isto é, existe uma relação. Construímo-nos nos vínculos, começando pelos vínculos da nossa placenta social.

A propósito, serão sinônimos relação e vínculo? Com frequência os usamos como se o fossem. A linguagem coloquial nos dá uma primeira resposta: dizemos que fulano tem uma relação com cicrano. Se esta perdurar e gerar algum tipo de contrato social, passa a ser um vínculo. Vínculo faz alusão a atadura. O fato de que a relação se transforme em um vínculo pode ser causa de alegria ou de sofrimento – ou, melhor ainda, de alegria e sofrimento, pois pode ser alimentado pelo amor ou pelo ódio, ou pelo amor e pelo ódio. Como é notório, nesse tema estou privilegiando a matiz emocional, afetiva, sem desconhecer que não é a única.

Ampliando: o amor impulsiona para a união, o encontro, a fusão ou a confusão, o êxtase. O ódio tende a ou é consequência da separação, do sofrimento, da carência.

O vínculo que nos constrói gera dependência (papel--contrapapel), necessidade do outro, nostalgia de estar completos. O mito da outra metade que aparece em *O banquete* exemplifica esse sentimento de dependência. A dependência existe como sofrimento do desencontro, da ausência, da separação. O que está enamorado está completo na presença do seu amado/a.

Um bebê não sente dependência porque é tudo, "a completa e total identidade". Por isso o nosso desejo mais profundo é voltar a essa "loucura monódica"; a partir daí o mais parecido com isso é o enamoramento passional, o Eros paixão. Paixão que significa ausência de reflexão. A reflexão alerta sobre a dependência e a ameaça do possível sofrimento. Esse é um dos enigmas a ser resolvido.

Entendo que Rafael debate-se no desejo da paixão, mas sem aceitar a dependência (o compromisso) por medo de sofrer um possível abandono que provavelmente esteja escrito na sua história.

PARA TRABALHAR COM OS VÍNCULOS

Após de ilustrar experiências e esboçar a dinâmica dos vínculos nos aspectos que me interessam, o que preciso para fazer uma abordagem do sofrimento e da relação amorosa? Preciso de, pelo menos, duas coisas. Inicialmente, colocar de lado, ainda que de forma transitória, o poeta que rechaça a reflexão e não quer levar em conta a dependência. Depois, encontrar um lugar do qual fazer a abordagem. É necessário saber claramente onde operamos, pois toda intervenção é uma interpretação que fazemos em função de hipóteses conceituais.

O tema que abordo neste capítulo coloca o foco nos efeitos, na emoção, como parte da subjetividade. Começo pela concepção *psicodramática* da subjetividade. Contamos com a proposta do átomo social e do átomo cultural, a partir dos quais são tecidas as redes sociométricas. O átomo social é a nossa percepção dessa rede vincular, o mapa do nosso mundo interno, pelo menos na nossa percepção consciente. Mas o mapa não é o território. Este é mais complexo. Complementa-se com o átomo cultural, que nos fala sobre os nossos interesses e sobre os papéis que desempenhamos.

Existe em Moreno uma clara alusão ao que entendo como subjetividade no conceito de autotele. Fala-se no átomo social de um mundo *psicótico*:

> Mas a posição de um indivíduo *psicótico* dentro do seu átomo social torna muito conveniente a consideração minuciosa das suas relações *consigo mesmo*. Durante o crescimento, a criança tem experiências, não só com as outras pessoas, mas consigo mesmo em diferentes papéis [...] Pouco a pouco desenvolve uma imagem de si mesmo. (Moreno, 1966, p. 347)

Essa é uma primeira aproximação à subjetividade, poderia dizer que a mais acessível. Amplia-se, uma vez que continua esse mundo interno, sustentado e alimentado pela imaginação e pelo imaginário, que é plasmado em personagens, projetos, objetivos, ilusões: tudo que implica a "realidade suplementar". Não quero dizer que na construção dos nossos átomos esteja ausente a imaginação. Muito pelo contrário, está também presente, só que de uma forma mais cognitiva ou menos íntima. O mesmo ocorre quando falo do mundo interno: não me refiro tanto ao dentro e ao fora. É interno porque é a minha vivência, é como eu o sinto. Nesse sentido sou protagonista, sou em princípio objeto do meu interesse ou, em outros termos, sou Narciso, considero-me objeto de amor. Mas, para tanto, preciso ter sido amado. Começo por ser amado, o que faz que eu me ame para depois amar.

Precisamente para compreender as vicissitudes vinculares, faz-se necessário que perguntemos pelos componentes da subjetividade.

Brevemente, defino a subjetividade como nosso modo singular de sentir e de pensar, a partir de onde olhamos, avaliamos e agimos. Participa na sua construção toda nossa história: relações, vivências, experiências, crenças, modelos, tudo em determinada cultura e em um contexto temporal. Enfim, é o que dá a qualidade e a cor para eu *ser no mundo*.

Uma forma abrangente de conceituar a subjetividade, complementar da compreensão psicodramática, é a hipótese do narcisismo. Digo complementar porque o olhar psicodramático orienta-se para os vínculos, para minha relação com o mundo e para meu desempenho nele (teoria dos papéis). O narcisismo fala da minha relação comigo e de como eu sinto essa relação, como a desempenho. Em outros termos, essa expressão da subjetividade, essa vivência é o que denominamos autoestima ou estima de si.

Veremos como ela está presente, sendo importante tanto nos vínculos amorosos como também nos nossos desempenhos, chegando a ser causa de sofrimento. A autoestima fundada na relação comigo e com os outros é avaliada em quanto às produções como ideais, valores, habilidades, aceitação e nos dá o sentimento de *si* e de estima de *si*.

Não ignoro que a hipótese do narcisismo não tem boa acolhida por parte do meio psicodramático. Atribuo isso ao fato de ser um tema complexo, com diferentes facetas, com elaborações diversas. Além disso, ao relacionar-se com o visual, com a imagem, subsiste uma perspectiva sociológica que o amplia e, ao generalizá-lo, o torna confuso por falta de precisão, como em outros momentos aconteceu com a histeria ou o psicopata, que mais que descrições são insultos.

Além disso, é inegável a sua participação na vivência da nossa subjetividade. Imagino o narcisismo como o cimento que serve para unir dois tijolos em um edifício – ou, em um paralelo como na biologia, como o tecido conjuntivo, que sustenta os órgãos e lhes dá consistência.

É provável também que a desqualificação ou o rechaço que gera o narcisismo vincule-se à sua origem ou conexão com o mito que nos fala de um *narcisismo de morte*, pois sabemos como acabou Narciso. Resgato da hipótese do narcisismo a metáfora do interesse em nós mesmos, interesse que dá base à subjetividade que me acompanha desde o começo, coconstruído e alimentado ou não pelo entorno. É necessário estar atento a esses conceitos que aqui pontuo, uma vez que na linguagem comum, quando denominamos uma pessoa de *narcisista*, pode parecer que ela foi muito amada. Mas isso não significa que tenha recebido excesso de amor. Pode ser exatamente o contrário: falta-lhe suficiente amor e atenção, o que a torna egoísta e desconsiderada, com um interior frágil que precisa ser permanentemente admirado.

Fazendo uma analogia, eu diria que, assim como o colesterol, existe um narcisismo bom e um ruim. O bom, denominado narcisismo trófico ou narcisismo de vida, nos ajuda a investir em relações, em metas e objetivos vividos como próprios: transformá-los e crescer sem sentir que são nossa propriedade ou partes nossas.

O ruim, ou narcisismo de morte, me propõe, como forma de evitar o sofrimento e a dependência, o egoísmo e, como meta, o não desejo. O desejo do narcisismo de morte é não desejar e nos deixa vazios.

Lendo com esse olhar os conceitos morenianos de identidade e de aprendizagem emotiva do papel, fica mais claro para mim e se torna mais operativo o processo de *atemperamento*. A primeira etapa, comenta Moreno, é aquela na qual a outra pessoa é uma parte da criança, a completa e espontânea identidade. A segunda é quando concentra a sua atenção nessa outra e sente falta de parte dele. Entendo o *atemperamento* como essa qualidade narcisista do vínculo que estimula a espontaneidade e a criação. Aquele segundo momento de aprendizagem emotiva do papel definiria claramente o narcisismo presente no ato de enamorar-se, quando o outro é essa outra e esquisita parte de mim. Esse narcisismo que, no melhor dos casos, vai-se transformando (narcisismo trófico, de vida), gerando empatia, humor, encontro, tolerância.

Moreno conclui dizendo que a matriz de identidade dissolve-se gradualmente à medida que a criança adquire certo grau de autoiniciação. O narcisismo está sempre presente, acompanha todas as nossas relações e produções.

OS LUTOS

Talvez possamos abordar a maior parte dos conflitos que nos demandam nos consultórios com referenciais diferentes e eficazes, mas aqueles que têm que ver com vínculos amorosos, com perdas e desencontros, precisam levar em conta o desenvolvimento do que entendo como narcisismo.

Obrigo-me a ser sintético ao comentar alguns conceitos em função de compreender o que faz que seja tão sofrido o fato de que o amor termine.

Com frequência, em um trabalho individual ou um trabalho de casal quando uma briga é descrita, dificilmente o motivo pelo qual a briga começou é lembrado. Estão muito presentes a quantidade de afeto ou a intensidade da raiva. De tal forma que o desencontro não faz referência a uma questão de pontos de vista diferentes, mas a algo que está além, que gera instabilidade e necessidade de afirmação.

Lembro-me de uma mulher abandonada pelo marido, depois de um casamento de 20 anos, que só repetia durante muitos meses de entrevistas: "Mas o que esse homem tem na cabeça?" Acho que era o seu jeito de dizer que a pessoa com a qual vivera por tanto tempo, com a qual tivera filhos, havia se tornado um desconhecido.

Raquel, a mulher que mencionei no começo, desconhecia esse Osvaldo que lhe pediu a separação.

As consequências acabam sendo afirmar/ou sustentar que o outro está completamente equivocado e algo não está funcionando bem, ou alguém agiu mal e tem toda a culpa. No primeiro caso, aparece certo cinismo. O amor não existe. Ninguém entende os homens ou as mulheres. Não faz sentido enamorar-se e comprometer-se. No segundo caso, vêm a autorrejeição e a depressão.

Não existe uma pessoa certa e outra errada – só quando se percebe que o outro NÃO é parte de mim, ou seja, que é essa outra e estranha parte de mim com vida própria, autonomia.

Os lutos que precisamos fazer diante das perdas e desencontros amorosos passam pela constatação de que o outro é um ser autônomo, diferente, uma alteridade.

Em todo trabalho de elaboração que é possível realizar, uma vez decorrido o tempo suficiente e quando a *ferida narcisista* começa a cicatrizar, passa-se a compreender que o outro não mudou de repente, mas existiram alguns sinais. Alguma coisa estava acontecendo ou aconteceu que o tornou impossível de ser lido. Quando é possível começar a aceitar a participação própria no que aconteceu, consegue-se gerar uma reorganização importante.

Aquilo para o qual o coração tem razões que a razão não entende pode começar a ser entendido, reduz a cegueira do amor, e alguns dos motivos da razão começam a ser incorporados.

Moreno (1966, p. 233) relata: "[...] tanto Anna como Ellen sofreram com frequência depressões, especialmente durante o período do conflito agudo, no qual tiveram pensamentos suicidas".

No começo deste texto, mencionei jovens que tentaram cometer suicídio em consequência do que classifiquei como "colapso narcisista". Chamo assim o sentimento de que nada faz sentido. Sente-se uma queda, que tudo se apaga. A autoestima é derrubada.

No mesmo protocolo Moreno (*ibidem*, p.) adiciona: "O protocolo mostrou até a evidência de que todos e cada um dos interessados, Frank, Anna e Ellen, precisavam de um tratamento individual ulterior". Refiro-me a isso quando falo de "ferida narcisista", isto é, o acontecimento, por mais doloroso que seja, não se limita unicamente a isso.

É possível, para exemplificar, pensar nessa ferida como uma dessas meias de malha com desenho de losangos, quando um fio arrebenta e desorganiza o seu desenho. Ou como em uma rede de pescar quando um fio é cortado e toda uma área perde a forma e vemos os pescadores costurando-a.

O mesmo acontece quando a consequência dessa ferida nos leva, como aos pescadores, a revisitar muitas cenas que também sofreram consequências e evidenciam a fragilidade da situação anterior. Acaba sendo então necessário voltar muitas vezes para a situação e para suas derivações para entender "o que esse homem/essa mulher tem na cabeça".

FINALIZANDO

Os vínculos, em particular os amorosos, são coconstruídos com base em cognições, sensações fantasmas, idealizações nas quais não é fácil diferenciar sonho de realidade. Digo não é fácil e talvez muito menos necessário até que se rompam e então se tornem presentes.

Há pouco tempo me procurou para uma consulta um jovem preocupado e surpreso, pois havia alguns meses tinha terminado, por sua decisão, a relação que mantivera por cinco anos com a namorada. Contou que os dois primeiros anos foram muito bons. Os demais foram de idas e vindas, até que finalmente ele decidiu terminar a relação. Depois do término do namoro sentiu-se bem, quase nem se lembrava dela. Porém, há algumas semanas soube que a sua ex estava com outro namorado. Passou o fim de semana de cama, sem parar de chorar, lembrando tudo de bom vivido.

Reflete que não quer voltar, pois já haviam tido inúmeros recomeços. Por isso, ele percebe que a sensação que o devora no momento vai além e tem que ver com ele: "Tenho de fazer o luto". Concordei com ele e intimamente pensei: "Com certeza, muito mais do que você imagina".

De sua perspectiva quantitativa, Freud (1995, p. 23) diz:

> Qual é a razão para que a vida anímica se veja compelida a ultrapassar os limites do narcisismo e a colocar a libido sobre objetos? Um egoísmo forte preserva doentiamente, mas no final temos de começar a amar para não adoecer, e forçosamente adoeceremos se o fato de não poder amar for consequência de uma frustração. Algo parecido com a psicogênese da criação do mundo conforme H. Heine a imaginou.
>
> Doente estava: e esse foi
> da criação o motivo:
> criando convalesci,
> e nesse esforço sarei.

REFERÊNCIAS BIBLIOGRÁFICAS

CALVENTE, C. F. *O personagem na psicoterapia*. São Paulo: Ágora, 2002.
FREUD, S. *Introducción al narcisismo*. Buenos Aires: Amorrortu, 1995.
GREEN, A. *Narcisismo de vida, narcisismo de muerte*. Buenos Aires: Amorrortu, 1993.
MORENO, J. L. *Psicoterapia de grupo y psicodrama*. México: Fondo de Cultura Económico, 1966.
PLATÃO. *El banquete*. Madri: Alianza Editorial, 2001.

Os autores

ADELSA MARIA ALVAREZ LIMA DA CUNHA

Psicóloga, especialista em Psicologia Clínica pelo CRP/SP. Psicodramatista didata supervisora pela Federação Brasileira de Psicodrama (Febrap). Diretora de Psicodrama e especialista em Terapia de Casal pelo Instituto J. L. Moreno de Buenos Aires. Presidente da Federação Brasileira de Psicodrama na gestão 2008/2010 e presidente do 18º Congresso Brasileiro de Psicodrama em 2012. Coautora do livro *Sociodrama: um método, diferentes procedimentos* (Ágora, 2010). Contato: adelsacunha56@hotmail.com.

CARLOS FIDEL CALVENTE

Médico psiquiatra e especialista em Psicologia pela Universidade Nacional de La Plata. É diretor e professor-supervisor de Psicodrama pelo Instituto J. L. Moreno de Buenos Aires e professor da Sociedade Argentina de Psicodrama. Visita com regularidade o Brasil, onde coordena grupos de estudos e supervisão em diversas cidades. É coautor de várias publicações e autor do livro *O personagem na psicoterapia – Articulações psicodramáticas* (Ágora, 2002).

CARLOS ROBERTO SILVEIRA

Psicólogo, psicodramatista, professor-supervisor pela Federação Brasileira de Psicodrama (Febrap), ex-membro do conselho editorial da *Revista Brasileira de Psicodrama*. Autor de artigos científicos publicados nesse periódico, atua como psicólogo da Assembleia Legislativa de Santa Catarina e em consultório particular em Florianópolis (SC).

DALMIRO MANUEL BUSTOS

Doutor em Medicina, professor-supervisor pela Federação Brasileira de Psicodrama (Febrap), diretor do Instituto Moreno de Buenos Aires, autor de diversos livros sobre o tema e membro da International Association of Group Psychoterapy (IAGP). Professor de Psicodrama em diversos países e universidades.

ENI FERNANDES

Psicóloga formada pela Pontifícia Universidade Católica de Campinas (PUC-Campinas), psicodramatista didata supervisora, com foco psicoterapêutico, pela Federação Brasileira de Psicodrama (Febrap) e diretora de Psicodrama e psicoterapeuta de casais pelo Instituto J. L. Moreno. Contato: enif@uol.com.br.

ELISABETH MARIA SENE-COSTA

Mestre em Psiquiatria pelo Instituto de Psiquiatria do Hospital das Clínicas da FMUSP, psicodramatista didata supervisora pela Sociedade de Psicodrama de São Paulo (SOPSP) e diretora de Psicodrama pelo Instituto J. L. Moreno. Membro do conselho científico e professora-supervisora da Associação Brasileira de Familiares, Amigos e Portadores de Transtornos Afetivos (Abrata). Autora dos livros *Gerontodrama – A velhice em cena* (Ágora, 1998) e *Universo da depressão* (Ágora, 2005), tem capítulos e artigos publicados em livros e revistas especializadas nacionais e internacionais. Contato: sponteam@terra.com.br.

IRANY BAPTISTELA FERREIRA

Médico formado pela Faculdade de Ciências Médicas da Santa Casa de São Paulo, é especialista em crianças e adolescentes pelo Serviço de Psiquiatria Infantil e de Adolescentes do Hospital das Clínicas da FMUSP. É psicodramatista didata e supervisor pela Federação Brasileira de Psicodrama (Febrap) e autor de capítulos de livros.

MARIA DO CARMO MENDES ROSA

Psicóloga, psicodramatista didata supervisora pela Federação Brasileira de Psicodrama (Febrap). Diretora da Delphos Espaço Psicossocial. Diretora de Comunicação e Divulgação da Federação Brasileira de Psicodrama (Febrap) na gestão 2009/2010.

MARIA LUIZA VIEIRA SANTOS

Psicóloga pela Universidade Federal de Santa Catarina (UFSC), psicodramatista didata supervisora com foco psicoterápico e socioeducacional pela Federação Brasileira de Psicodrama (Febrap). Diretora de Psicodrama pelo Instituto J. L. Moreno de Buenos Aires, presidente do Instituto Crescendo e Aprendendo, além de psicoterapeuta de crianças e pré-adolescentes em Florianópolis (SC). Contato: mluizavs@yahoo.com.br.

ROSILDA ANTONIO

Médica psiquiatra e psicoterapeuta, psicodramatista didata supervisora pela Sociedade de Psicodrama de São Paulo (SOPSP), especialista em Transtorno do Humor, membro do conselho científico da Associação Brasileira dos Familiares, Amigos e Portadores de Transtornos Afetivos (Abrata). Contato: rosildaa@uol.com.br.

SUZANA MODESTO DUCLÓS

Psicóloga pela Pontifícia Universidade Católica do Rio Grande do Sul (PUC-RS), psicodramatista didata supervisora pela Federação Brasileira de Psicodrama (Febrap), psicoterapeuta em Florianópolis (SC). Professora universitária fundadora do curso de Psicologia da UFSC e de instituições de ensino e especialização em Psicodrama em Santa Catarina. Autora dos livros *Quando o terapeuta é o protagonista – Encontro com Dalmiro Bustos* (Ágora, 1992) e *Pequeno dicionário da arte de conviver* (Insular, 2007), bem como de vários artigos e capítulos publicados em livros e revistas especializadas. Contato: suzana.duclos@gmail.com.

leia também

LAÇOS AMOROSOS
Terapia de casal e psicodrama
Maria Amalia Faller Vitale (org.)
Coletânea de artigos de profissionais de primeira linha que vem sendo pensada e elaborada há anos, com o intuito de dar visibilidade ao trabalho psicodramático com casais ou famílias. Dois planos interagem nos escritos: o impacto de mudanças sociais que interferem na vida familiar e a contribuição de Moreno para a terapia de casal.
REF. 20884   ISBN 978-85-7183-884-0

CODEPENDÊNCIA
O transtorno e a intervenção em rede
Maria Aparecida Junqueira Zampieri
Este é o resultado de um trabalho de sistematização. Ele aprofunda conceitos de psicopatologia, desenvolvimento humano e prática metodológica de trabalhos científicos. Estuda formas de intervenção que possam favorecer o sujeito para que atue efetivamente com seu grupo, priorizando o indivíduo em seu contexto familiar e social. É um profundo estudo sobre a questão da codependência.
REF. 20877   ISBN 978-85-7183-877-1

leia também

FALANDO DE AMOR
Uma escuta musical dos vínculos afetivos
Alfredo Naffah Neto (org.)
Trata-se de um rico mosaico que mostra várias facetas do amor contemporâneo nas relações familiares, nas terapias e nos casamentos. São artigos que resultaram de um grupo de estudos de pós-graduados orientados pelo autor. O tema central passou a ser o amor, embalado ao som de óperas românticas e outras melodias.
REF. 20013   ISBN 978-85-7183-013-4

PSICODRAMA COM CRIANÇAS
Uma psicoterapia possível
Camila Salles Gonçalves (org.)
O psicodrama ajuda as crianças na superação de obstáculos a seu desenvolvimento, por meio daquilo que ninguém lhes pode tirar – sua imaginação. É com jogos, brincadeiras e histórias, espontaneamente criados, que as crianças procuram lidar com o mundo que proporcionamos a elas. Um livro importante para os que querem se inteirar dos métodos e técnicas da terapia psicodramática com crianças.
REF. 20336   ISBN 978-85-7183-336-2

www.gruposummus.com.br

IMPRESSO NA GRÁFICA
sumago gráfica editorial ltda
rua itauna, 789 vila maria
02111-031 são paulo sp
tel e fax 11 **2955 5636**
sumago@sumago.com.br